小生活轻松过

[日] 富美 著

朱佳琳 译

机械工业出版社
CHINA MACHINE PRESS

你是那种外表光鲜，家里却一团糟的人吗？ 你期望有一个好的生活环境，做起家务来却总是不情愿？你甚至会觉得自己最近有点不走运？或许，你该重新审视一下自己的生活了。

本书细致地展示了作者的生活由“极繁”向“极简”的转变，辅以活泼治愈的插画，全书从五个方面展开：“过小生活”后自己的变化、如何有效地减少物品、如何对待喜欢的物品、如何坚持下去，以及未来的“小生活”。

因为都是自己的经历和经验，作者用充沛的情感为我们描绘了她所热爱的生活！相信你一定能从字里行间读出那生机勃勃的文气，遇见“惊喜”和“启示”，用心去生活，给自己更多的安全感。

图书在版编目（CIP）数据

小生活，轻松过 /（日）富美著；朱佳琳译 .—北京：机械工业出版社，2023.2（2023.5 重印）
ISBN 978-7-111-72614-2

Ⅰ. ①小… Ⅱ. ①富… ②朱… Ⅲ. ①生活方式 – 通俗读物 Ⅳ. ① C913.3-49

中国国家版本馆 CIP 数据核字（2023）第 027514 号

机械工业出版社（北京市百万庄大街 22 号邮政编码 100037）
策划编辑：张潇杰　　　　　　责任编辑：张潇杰
责任校对：龚思文　梁　静　　责任印制：张　博
北京利丰雅高长城印刷有限公司印刷
2023 年 5 月第 1 版第 2 次印刷
165mm × 210mm · 8.25 印张 · 104 千字
标准书号：ISBN 978-7-111-72614-2
定价：49.80 元

电话服务　　　　　　　　　　网络服务
客服电话：010-88361066　　　机　工　官　网：www.cmpbook.com
　　　　　010-88379833　　　机　工　官　博：weibo.com/cmp1952
　　　　　010-68326294　　　金　书　网：www.golden-book.com
封底无防伪标均为盗版　　　机工教育服务网：www.cmpedu.com

译者序

我一直认为，家是一面镜子，映照着主人的心境。不知道大家有没有这样的体验：每次犯懒的时候，觉得整理和打扫房间真的是一件很困难的事情。然而，一旦开始了，又会感觉有点儿停不下来，逐渐就找到了乐趣。做完家务后看着干净整洁的房间，心情会变得舒畅不少。然而这种美好却是暂时的，随着时间的流逝，家里的东西越来越多，原来整理好的地方一个个都原形毕露，回到了之前杂乱的状态。于是，我们自己也开始摆烂，对生活的态度越来越随性。

这一切都源自于，我们放不下自己的物欲——容易冲动消费，不断地往家里“运”一些非必要的东西，还难以割舍。在“断舍离”“极简主义”等概念已经流行了很长一段时间的今天，我们好像依然站在原地，不得其法。而盲目跟随，却总是容易出现反弹，我们需要一种持续稳定的极简主义生活方法。

本书或许会给“家里乱糟糟的你”一些启发和思考。家里东西这么多，该从哪里开始收拾？如何打破

© 朱佳琳

衣服越买越多，自己却觉得没什么可穿的魔咒？那些我们一直不愿舍弃的东西究竟是什么？后疫情时代，怎么在有限空间里囤货？收拾家的习惯该怎么坚持下去？

日本人气作家富美通过可爱有趣的方式带我们走进她的“小”生活世界。曾经是极“繁”主义者的她，深受“物”的困扰，家里再怎么大，东西还是塞得满满当当，而且逐渐有影响生活质量的趋势。如今作为整理收纳一级顾问，富美老师有了一套自己的生活整理方法。其实，家就像我们进食的身体一样，物品必须有“进”有“出”。整理的过程也是厘清我们思绪的过程。

在翻译本书的过程中，我的心情一直非常愉快。富美老师充满生活气息的插画和文字有治愈人心的力量。她真的是一位非常热爱生活的人。我希望这本书能驱散每一位读者心中的阴霾，并尝试着去感受认真生活的美好，这也是我翻译本书的意义所在。那么现在，就让我们开始这段极简生活之旅吧！

朱佳琳

于无锡

2022 年 11 月 6 日

前言

过不为物所扰的生活

这样的我之所以
开始“过小生活”，
是因为“一直不走运”
的缘故

2014 年那年，
我和丈夫
一起生活，
住在宽敞的
78m² 独栋房
子里……

这房子
带庭院，
月供 6 万
日元。
因为
是乡下的
老房子了
……

我想着东西越丰富越好

有些是自己买的，有些是别人送的，
东西渐渐多了起来……

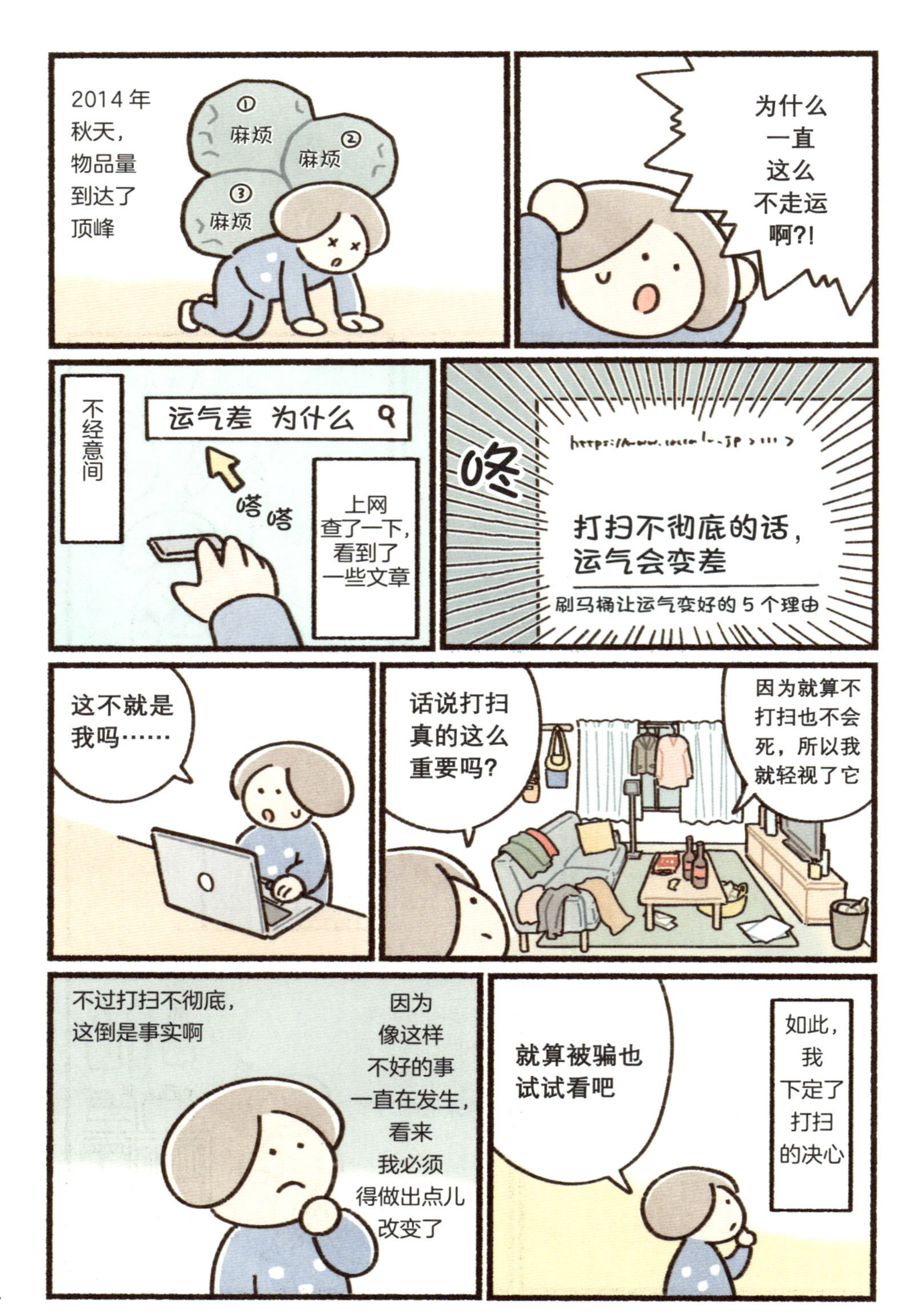
2014年秋天，物品量到达了顶峰
①麻烦
②麻烦
③麻烦
为什么一直这么不走运啊?!
不经意间
运气差 为什么
嗒嗒
上网查了一下，看到了一些文章
咚
打扫不彻底的话，运气会变差
刷马桶让运气变好的5个理由
这不就是我吗……
话说打扫真的这么重要吗？
因为就算不打扫也不会死，所以我就轻视了它
不过打扫不彻底，这倒是事实啊
因为像这样不好的事一直在发生，看来我必须得做出点儿改变了
就算被骗也试试看吧
如此，我下定了打扫的决心

抱着被骗的想法，试着每天早上洗刷马桶
擦得亮晶晶
连续洗刷马桶的第三天早上……
嘟噜噜
喂
咔嚓咔嚓
关于××的事
欸?!解决了……!
好的!非常感谢
…
咔嗒
快要变成麻烦的事解决了
好厉害…
这或许就是效果吧
这样想着，其他地方也一并打扫了
心境的变化
打扫之后，变得喜欢这个地方了
打扫之后，空间的味道变了，不可思议的是，能看到这个地方亮堂了不少
变成了能够令人安心的、喜欢的空间
越是打扫，令人安心的空间也越多
我有了一种感觉，我在不断扩大能让自己安心生活的“阵地”
卫生间
厨房

前言

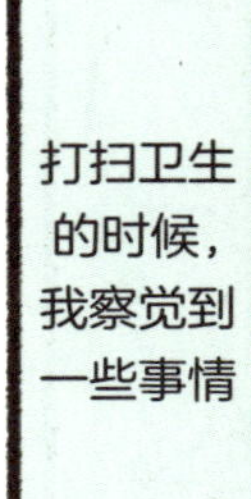

打扫卫生的时候，我察觉到一些事情

要想打扫卫生，必须先整理

整理收纳＝决定好“住处”、减少、归还，东西就会不断地减少

现在的物品量变成了一台面包车就能装下所有家当

能够以少量的物品生活，生活的自由度也变高了

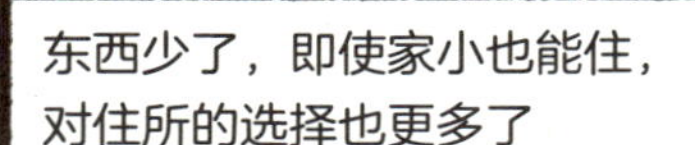

东西少了，即使家小也能住，对住所的选择也更多了

生活费用变得更少，工作地的自由度也变高了

“不用尽最大努力工作，就算没有住上更宽敞的家，我也能生活。”想到这里，心情变得轻松许多

现在因为物品减少而空出来的自由时间，我都花在了享受应援活动上

作为一个以前住过“脏”屋子的极简主义者，我给不想为物所扰的你，以及想变得轻松的你，整理了满满一书的技巧

目录

第3章

珍视“喜欢的东西”

第4章

制订持续流畅的规则

第5章 与未来息息相关的“小”生活

第 1 章

“小”生活，好处多多

“小”生活，每天都在变化

跟找东西说再见

东西到处都是，
通风也不好，
眼前尽是这些，
真想赶紧离开房间
到外面去
东西多了，
感觉
满是灰尘
房间干净了，感觉更安心了，
渐渐喜欢上自己的家

东西一乱，自己就会
在脑子里不停地模拟
该怎么收拾
视野干净了，
工作效率也提高了
能专注于
眼前的工作！

搬到小家
生活后，
电费、
燃气费
也减少了
独栋房子→
一室一厅公寓
电费、燃气费
减少了 1/3
“原来这么少
的花销就能
好好生活”，
这方面的
安全感也
油然而生
家庭收支薄

工作地点
以及住处
的选择
也变多了
东西少了
搬家也
轻松了
可以
轻松
搬到
自己
喜欢的
街区
我觉得
“小”生活的好处就是
“在时间·空间·
住所·工作地点
各方面都能够
获得自由”
好处多多，
自然
就坚持
下来了

“小”生活和时间

东西让休息日成为麻烦事

东西多的时候，感觉休息日基本上就作废了。其实我也想早上快速做完家务之后，做些自己的事。比如拿着相机去街上走走，或者去看看当季开放的花，又或者在咖啡店里埋头看看书之类的。可是我却完全陷入了“早上快速做完家务”这件事里。想着如果不把积攒的家务作为“必须做的事”做完的话，就不可以外出和玩耍。然而一点点积累起来的家务实在过于庞大，我经常是一头横躺在沙发上，想着“等会再做吧”，决定拖延了事。虽然心里充满了必须做家务的紧张感，我却依然在沙发上一动不动，等回过神来时，已经是傍晚了。于是，我会一边想着“今天也什么都没做成。

要是能快速做完家务的话就能做自己想做的事了。就算待在家，能读读书也是好的啊”，一边感到失落不已。如果我是心甘情愿地决定“今天在家悠闲一天”的话，就不多说什么了。但我今天本来打算真的出门做点什么，结果却只能抱着“今天也还是什么都没做成”的想法徒然怅惘。要是连休息日也不能做自己喜欢的事，自我肯定感就会一步步降低。而通过减少物品，我们的脚步会变得轻快起来。我早上只用 15 分钟就做完了家务，速战速决后就可以出门了。像这样，把想做的事付诸行动，休息日就能好好过了。

“小”生活和金钱

安心感增加，视野更开阔

过“小”生活，对金钱的不安感也会变得轻松起来。以前，我住在 $78m^2$ 的独栋出租房里的时候，觉得东西越丰富越好，于是没完没了地增加物品。为了收纳，我不得不换更大的房子住，电费、燃气费等生活费用都变高了。

当时我们家的房子房龄比较老，所以房租相对比较便宜。但如果东西越来

如果不断舍离的话，只能不断更换更大的房子住

考虑面积和便宜度的话，那就要离地铁远、房子老……

考虑面积的话，房租会上涨……

断舍离后，再小的家也能住

• 房租↓

• 电费、燃气费↓

• 选择项↑

（近地铁、楼龄低等）

是这样啊！

“断舍离”真的是很有必要啊！

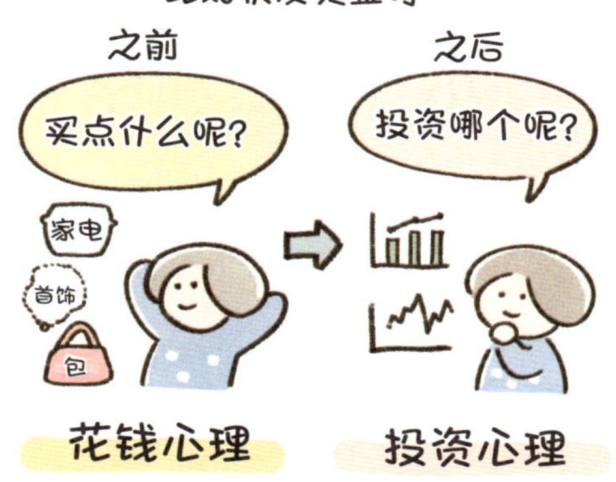

越多，我们就不得不住更大的房子，需要支付比现在更贵的房租。要是那样的话，我们夫妇俩就必须一起全职工作来维持生计了，这让我有了不安的感觉。

当我尝试着减少物品后，需要的空间面积变小了，房租也一下子变得便宜了。空间面积的变小，使得住所的选择也变多了，我可以挑离地铁近的房子了。每月的生活费用缩减之后，我可以安心地选择自己喜欢的工作方式，同时也开阔了自己的视野。而且，以前我在发奖金前总抱着花钱的心态，总想着“要买点什么呢”。而现在，我已经转变为投资的心态，盘算着“要投资哪个呢”。以前，比起买必需品，我更多的感觉可能是为了购物而购物。现在，我变得更节约，只考虑买必需品，不再买无用的东西。

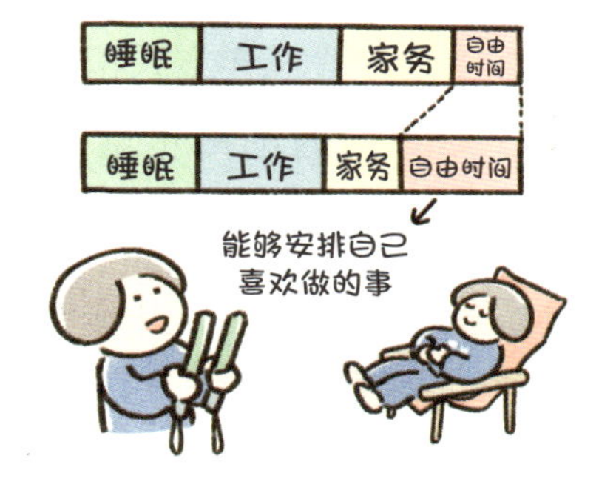

另一方面，我关于体验方面的开支变多了。因为生活费用的减少，我可以把资金分配给我的爱好，推动我去做我想做的事。

“小”生活和精神

从固有思维中解放出来

以前住在满是积雪的乡下时，我会在休息日悠闲地去看电影，逛逛自己感兴趣的展会等。而在老家京都的时候，这些我认为理所当然的事都做不了，我感到很受挫。所以，在休息日的时候，我就自然而然跑到县城之外去玩，旅行费用占了家庭支出的很大一部分。由此，我发现，最好是住在自己喜欢并且适合自己的地方。当然，这与自己跟这地方的缘分有关，并不是说城市就好，乡下就差。我认为由于减少物品之后生活费用变少了，比起以前，我们可以选择更灵活的工作方式。背包轻了，工作方式和生活方式的选择也更加广阔——我意识到自己有“住所搬迁的自由和职业选择的自由”，人生的选择更加多样了。

另外，生活变“小”之后，还有另一种功效。那就是打扫房间变得更加全面周到了。通过打扫卫生，我发现我可以在家里增加“让自己安心的阵地”，比如厕所的墙壁。以前，因为知道这里没有被打扫到，所以我上厕所时不喜欢摸墙壁。但现在，我每天早上都打扫厕所，在打扫好的地方待着就会感到安心。这是因为我有了彻底打扫的意识。心里感觉是把迄今为止属于敌方阵地的场所，变成了让自己安心的地盘。通过增加这种让人安心的空间，我变得更加喜欢待在家里了。

“小”生活和家务

最讨厌的家务变成最喜欢的事情

无论哪次开始，只要一边想着这些劳动量“并不累”，一边好好完成的话，人生也会变得轻松。
最近我叠衣服的时候，要么跟朋友打电话聊天，要么听自己喜欢的电台。
结合“乐趣”去做，效果会很好！
家务不知不觉间就完成了。

你喜欢做家务吗？以前我很讨厌做家务。就算一直洗啊洗，要洗的东西还是在不断堆积，没有尽头。虽然我想着尽可能把家务时间缩短，好把时间匀出来给工作和喜欢的事，但是因为没想过要减少东西，所以家务渐渐变得费力起来。

现在东西变少了，在家务上费的力也更少了，反而觉得“家务也没那么讨厌，还有点喜欢”。家务需要每天反复做，所以无论哪次开始，只要一边想着这些劳动量“并不累”，一边好好完成的话，就会变得轻松。

比如，有很多餐具要洗的时候，如果你觉得拿出新盘子就行，餐具可以之后再洗的话，那么积累的餐具就不是一星半点了。照这个量堆积起来，再开始

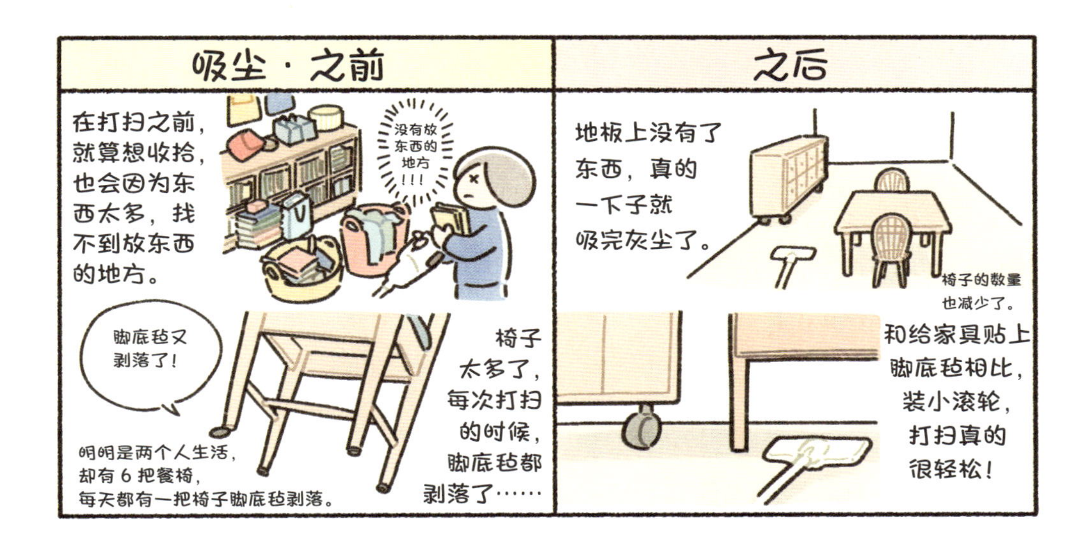

洗，难度会增加很多。要想减少餐具的总数就只能老老实实地洗碗，虽然洗碗的频次上升了，但每一次的劳动量变小了。如果只需要洗两个盘子的话，你不觉得很轻松吗？每一次家务所花费的时间缩短的话，你会意外发现生活开始变得轻松了。其他家务也是一样的，减少衣服的数量，不管洗衣服还是收纳衣服，也会变得轻松。

不仅如此，我对一向最讨厌的家务居然也变得喜欢了起来。住在两层独栋房子里的时候，东西全堆满了，吸尘是我最讨厌的家务了。明明两个人住，却有 6 把餐椅，再加上安乐椅和沙发，要把它们全挪出来，吸尘，然后再挪回去。就说那些有脚的椅子，脚底毡还总是剥落，我必须要重新给它们贴好。这些事都好麻烦。

如今，因为东西减少、房子面积变小，以前不花个 30 分钟就做不完的事，现在只要 2~3 分钟就做完了。不仅家务简单了，房子也变得好看了，成就感剧增。现在吸尘已经变成了我最喜欢做的家务。如此说来，东西少了，家务也会变得轻松。

“小”生活和变化

更好应对难以预料之事

因为疫情的影响，很多事都改变了。我家买东西和存食物的做法也变了很多。以前我们把附近超市当作自家的“第二个冰箱”。家里准备的冰箱尺寸是最小的，想着需要什么随时去超市买就行了。可是，由于疫情的存在，我们必须降低购物的频率。这样，每次的购物量就增加了。日本政府发布第一回紧急事态宣言[一]

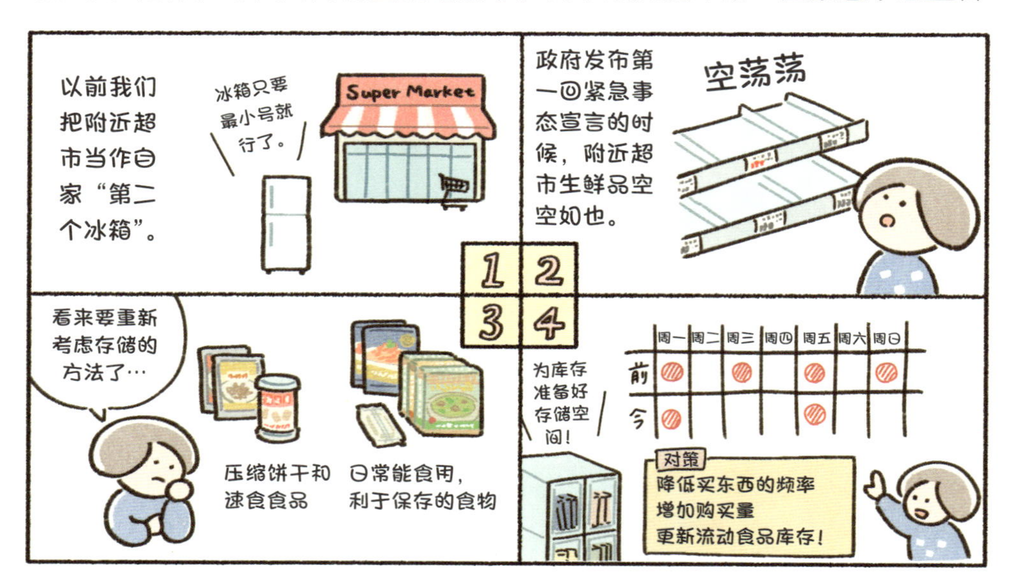

[一] 紧急事态宣言是指在自然灾害、传染病、战争等危险逼近健康、生命、财产、环境等的紧急情况下，日本政府为了提醒一般民众，发布的警示宣言。——译者注

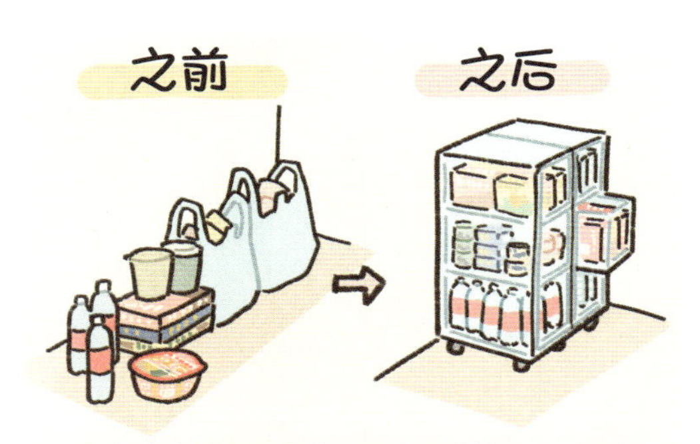

之前
之后
没有存放的地方，存货放在地板上。不清楚库存量，买过头。打扫的时候也很麻烦。
放置储藏柜。一眼就能看到库存量，没有了浪费购买。有了带小滚轮的储藏柜后，打扫也轻松了。

的时候，出现了囤积生活必需品的情况。我们对食品可能要缺货感到不安。用最小号的冰箱生活，需建立在稳定的物流基础之上。在此之前，我们家食品存储只是在防灾背包里放少量的压缩饼干和速食食品，而现在为了保证一旦因为囤货导致食品短缺后也能支撑一段时间，我们考虑储备“家庭人数 × 一周”的食品量，在防灾方面食品存储等能力也得到了提升。为此，我们一边存货，一边把每天消耗的“流动食品库存”进行更换，常备一些利于保存的袋装方便面、意面和罐头等。

此外，因为维持着东西少的状态，房间更容易保持整洁。房间里外露的东西少了，在触手可及的地方擦拭、打扫时，花的功夫也少了，除菌也很方便。

房子里东西少了，也减少了受伤的可能，在防灾方面更安心了。一边确保有维持生命的食物，一边减少会威胁人身安全的物件，我们生存下去的概率应该会提高。

还有其他好处 LIST

☐能够专注眼前的工作

☐省了“找东西的时间”

☐培养了发现不愉快的敏感度

☐不再烦恼买什么

☐知道了自己的喜好

☐喜欢上了待在家的时间

☐内心更加从容了

☐减少了跟家人吵架的次数

未完待续……

在东西多的时候，因为没有慎重考虑是否真的适合自己就买了，所以即使有什么不愉快的感受也觉得那是理所当然的。通过扔掉不需要的东西时不断回顾失败的购物场景，购物的成功率会不断提高。

第2章

断舍离后，生活越过越“小”

从一天扔一件物品开始

先成为一种习惯

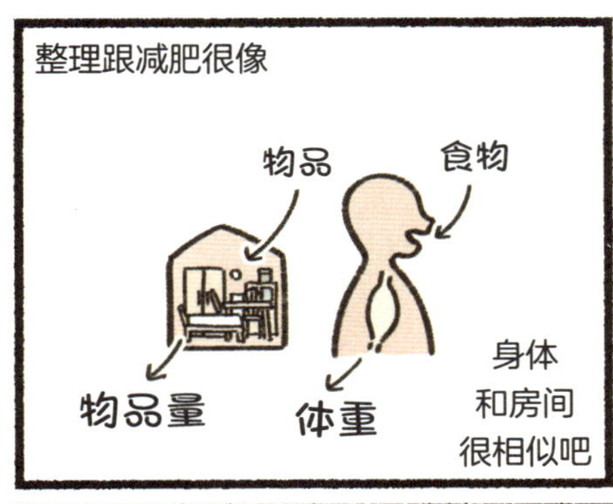
整理跟减肥很像
物品
食物
物品量
体重
身体
和房间
很相似吧

例如“一个月瘦几斤的减肥”
不管瘦多少
对健康都是
有害的
能够预想到
之后会反弹
回来

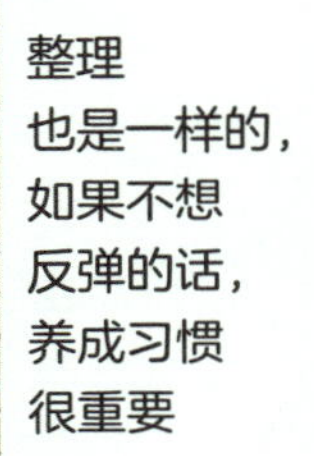
整理
也是一样的，
如果不想
反弹的话，
养成习惯
很重要

就像重新审视我们的饮食
和养成运动的习惯
同样重要一样

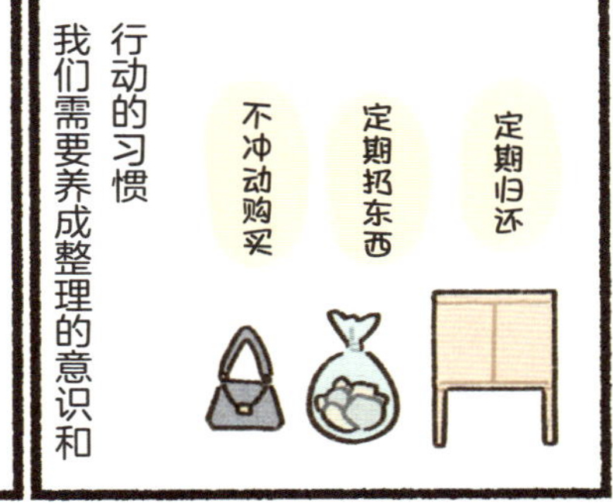
行动的习惯
我们需要养成整理的意识和
定期归还
定期扔东西
不冲动购买

一天放弃一件物品的话

哦～
扔掉的物品列表
一年后
可以
轻松
达到
365 件

虽然轻松生活的终点
还很远，
但只要开始行动的话，
就能够离理想
越来越近

一步一个脚印，
相信坚持的力量，
向前进吧！
好

把“整理”这件事拆分一下

“减少”和“归还”相辅相成

为了让房间变得整洁，如果不知道该从何处入手的话，建议先试着将“整理”这件事拆分成容易着手的大小。这也是为了在整理的时候我们不至于束手无策，并且能够把整理坚持下去的最快捷径。虽说整理是一句话的事，但是也有很多工序。下面是从散乱状态到整洁状态的整理工序。

减少 … 把不要的东西扔掉

决定好住处 … 为了更好地取用，确定好收纳的地方

… 把生活用品放回原来位置，保持整洁

①减少＝把不要的东西扔掉

②决定好住处＝为了更好地取用，确定好收纳的地方

③归还＝把每天到处乱放的生活用品放回原来位置，保持整洁

就是这样的流程。因为我们在生活过程中东西会自然增加，所以要定期清理物品，控制好物品数量。如果没有意识的话，那些“你早已拥有却已经忘记的东西”就会越来越多。

就像去年一直穿的衣服到今年就沦落为备选一样，物品与自己的关系一直在发生变化。如果留意一下，你会发现不需要的东西一直在增加。一定要尽量有意识地去清理。虽然做不到每天清理，但是尽量定一个每周一次或每月一次的频率，把自己拥有的物品检视一遍并做一轮淘汰。

同时，“归还”也同等重要。因为不把东西放回指定位置的话，我们渐渐地就不知道自己还有没有这件东西，于是就发生了同一样东西一买再买的情况。为了不再增加物品，养成“归还”的意识吧。“归还”必须要比“减少”做的频率高。我们可以设定一个把东西放回原位的重置时间，比如睡觉前或者早上，自己决定就好。

如果只是减少物品或者只是物归原处的话，是不够的。一定要两件事轮流开展，习惯之后，就能够让房间保持清爽整洁的状态。

把东西清理完并且只保留必须要用的，接下来就要决定经常取用的物品的位置。要是把使用频率高的物品放在不好拿的地方，那结果肯定是懒得放回原位，又要到处乱放了。所以，为了拿取方便和归还方便，按照使用频率和使用目的来决定摆放位置吧。

试着把东西分成4类

找出抑制你收纳的东西

让我来告诉你整理非必要物品的分类方法。这是我在学习成为整理收纳顾问时学到的，在整理中为了方便筛选而设计的分类方法。首先，从一层抽屉大小的小区域开始做起，拿出里面的所有物品，将其分为以下4类：

①一周内使用过的东西；

②今后准备要用的东西；

③自己有但已经忘记的东西；

④坏掉的东西、今后不会再用的东西。

试着从服装的角度来考虑，①是我们马上就能想起的。②指的是今后有些

拿出所有物品
试着分成4类

把东西分成4类吧！

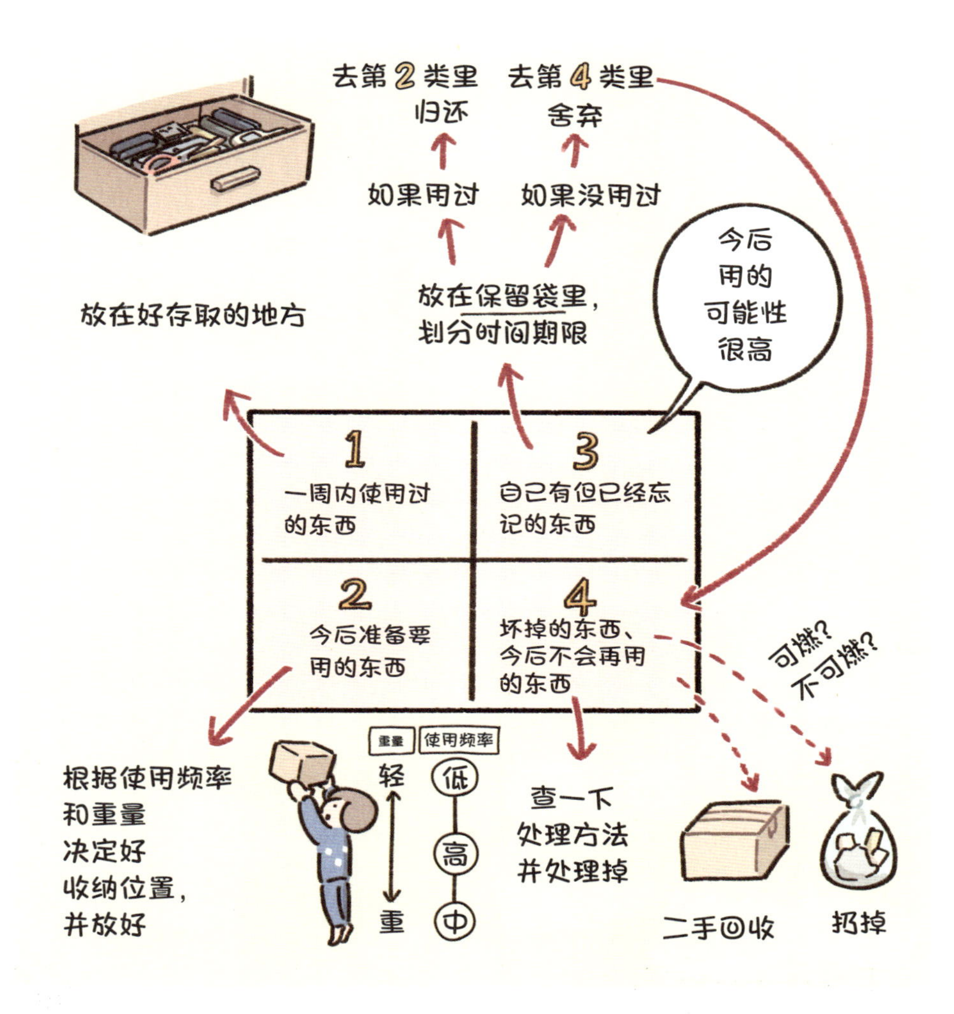

场合可能会穿的衣服。像用于红白事、祭祀仪式的衣服或者非季节性的衣服就属于②。接下来③指的是，最近没有穿过的记忆，只是放在那儿的衣服。试着想想这件衣服会在衣橱的哪里呢，想不出来的话，它就属于③了。可以说，任何你不确定是否要舍弃的东西都藏在这里。最后④指的是，那些虽然已经决定舍弃，但是没有想好处理方法，只能放在一边的衣服。我们会发现去年①类衣服还是穿着的主力军，今年自己的喜好却发生了变化，它们就变成了③类衣服。像这样，把东西定期清理一下，就可以保持空间的整洁了。

从整理一个抽屉开始

每天10分钟，养成整理习惯

要养成整理的习惯，我们可以从收拾一个抽屉开始。先分出每天花 10 分钟就能完成的工作量，作为“一个分区”。如果抽屉只有一层的情况比较多，就按照抽屉的一半来分区。然后一天就整理 1 个区域。我们只需要 4 个垃圾袋——2 个可燃物垃圾袋和 2 个不可燃物垃圾袋就可以了。先把抽屉里的东西全都拿出来，暂时都放到地上，按照 4 个类别（P20）分类。“④坏掉的东西、今后不会再用的东西”放到垃圾袋里（按照可燃和不可燃分类），“③自己有但已经忘记的东西”放到保留袋里（按照可燃和不可燃分类），这些不要的东西暂时都清理掉。留下“①一周内使用过的东西”和“②今后准备要用的东西”，根据使用频率决定好

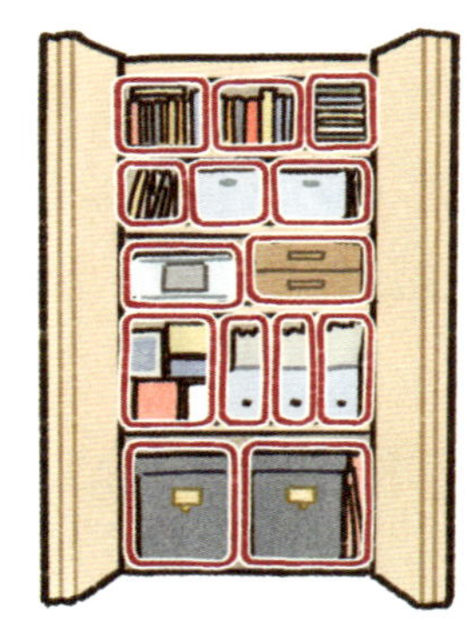

① 分出每天花 10 分钟就能整理好的工作量

② 东西都拿出来

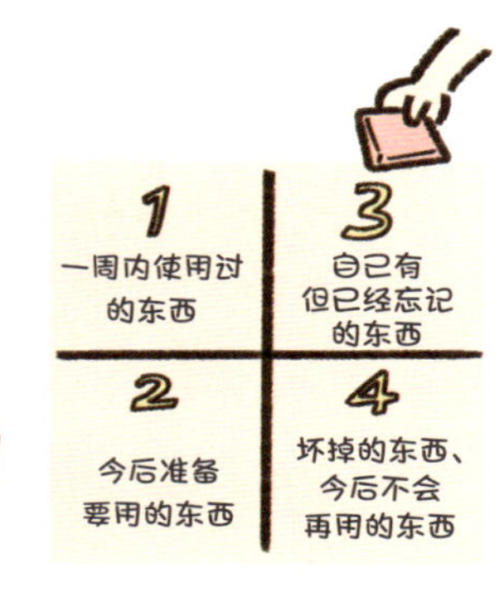

③ 分成 4 类

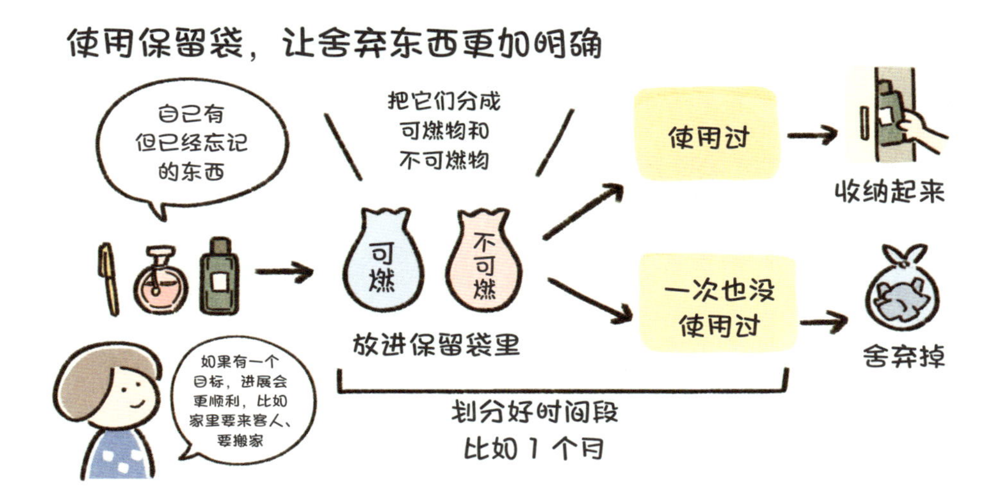

收纳位置，并放好。剩下的保留袋暂时放到房间角落。这个工作尽量每天完成，如果对你来说有点困难的话，那就每个休息日花 10 分钟的时间接着做吧。

养成习惯才是我们的重点。一天完成 1 个区域，一个月就整理完了 30 个区域。30 天之后家里应该就可以很整洁了。我相信以前在整理过程中，你一定会遇到这样的情况：想着一天之内一口气把柜子都整理好，于是就把所有东西都拿出来，堆到地上，结果东西太多都不知道从哪入手，等反应过来的时候都已经傍晚了，只能任由东西散乱地放在地上，就这样生活下去……而现在，我们只要把它分解成每天一步一个脚印做能完成的量，上面的情形就不会发生了。我们接着处理剩下的 4 个袋子。对于分类④的东西，我们就直接把袋子口封好扔掉。对于保留袋里的东西，我们先决定好一个期限，1 个月也好，2 个月也罢，在这个时间段里，如果袋子里的东西有想起来使用过，哪怕只有一次，也把它拿出来，收纳起来。如果根本没想起来用，那基本上说明这件东西就算没有，你也能生活下去。直接封好袋子口处理掉吧。像这样跟着做，你的房间一定会变得非常干净。另外说一下，带有念想的东西处理起来是很困难的，所以建议你还是从感情比较淡的这类物品着手进行整理。

想象一下理想的房间

让理想与现实的差距可视化

整理收纳顾问在接受咨询的时候，首先会提出一个要求，那就是让你找一张理想房间的照片带过来。大家都说想要整洁的房间。可是，想象一下，房间里到底有多少物品才算得上整洁，这是因人而异的。是像单人牢房一样空无一物才算是理想呢？还是说地板上没有东西，但有一些装饰物这样的程度才算好呢？对于不同的人，理想的房间是各种各样的。当我们试着收集三四张理想的生活照片后，应该就可以看到自己的倾向了。物品量和房间的喜好是有共通点的，从中可以看到自己的理想。知道自己的理想之后，也就能看清到达这种理想状态的道路了。和照片相比，理想如果是100%的话，那么现在处于百分之多少呢？这样想的话，什么该留下什么该舍弃，我们就一目了然了。

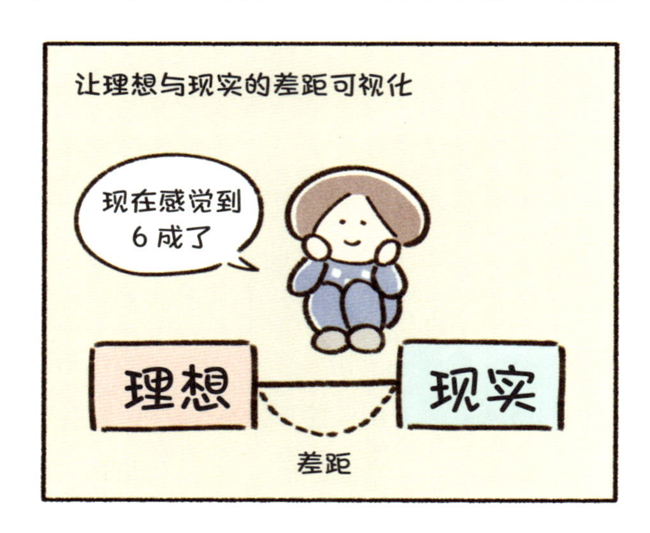

我曾经也在网上搜了好几次“极简衣橱”，看了之后感觉干劲十足。我把要舍弃的东西全揪了出来，整理工作有了进展。请大家一定要为自己想要整理的每个区域找到理想的房间照片。

把理想的房间和自己家的照片互相比较后，

差距一目了然。

挑战“精简衣物”

权衡利弊

精简衣服的难度是比较高的，首先要明确自己的动机“为什么要舍弃”。一方面，留着不需要的衣服，其实有一大堆缺点。这些衣服虽然不穿，却还要保养。衣橱空间变得狭窄，衣服之间互相摩擦，很容易伤到经常穿的那些衣服。另一方面，想想过一种衣服少的生活会怎么样。要是只有自己精心挑选又喜欢的衣服，每天早上就少了纠结穿哪件衣服出门的烦恼，找衣服的工夫也省了。而且，因为可以完全把握手头的衣服，同类型的衣服也不会再买了，节约下一笔钱。衣服就像游戏中最强大的对手一样的存在。感觉扔了有点可惜、瘦了就能穿了、衣服可以卖钱、等价钱高一点再说……这些没有办法舍弃的理由会不断涌现出来。所以要将衣服视作我们需要不断挑战的对手，一点点舍弃吧。

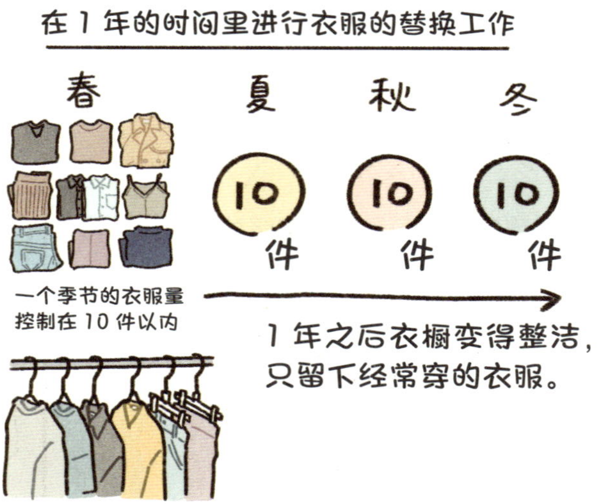

在 1 年的时间里进行衣服的替换工作

春 夏 秋 冬

10 件 10 件 10 件

一个季节的衣服量控制在 10 件以内

1 年之后衣橱变得整洁，只留下经常穿的衣服。

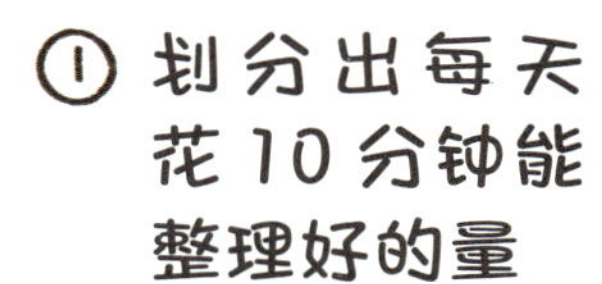

① 划分出每天花10分钟能整理好的量

□……1个分区

② 把1个分区里的东西都拿出来

③ 分成4类

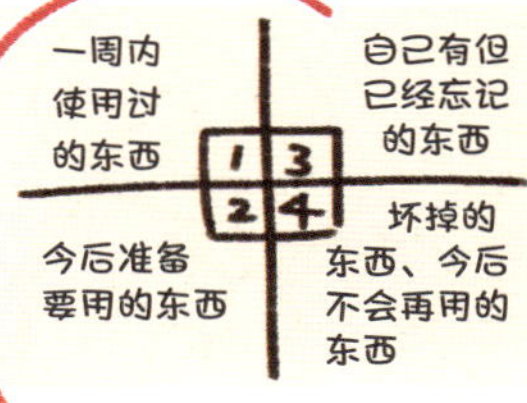

3 最近1个月会穿吗？

同时，想想自己为什么不穿

打折买的，大小不合适
↓
不如买一件扔一件？

去年穿了，今年没心情穿了
↓
舍弃比较好？

在意磨损的裤腿
↓
不如买一件扔一件？

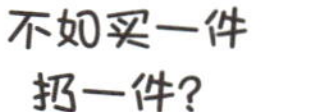

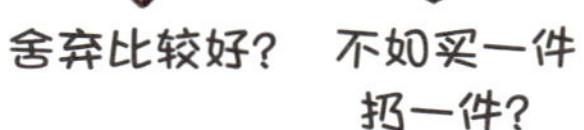

4 决定好舍弃方式和期限

- 二手回收APP
- 卖给中古店
- 送人
- 扔掉

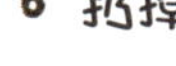

回忆物品的处理方法

怎么把情感剥离开呢

回忆物品真的很难割舍，我感觉其舍弃难度应该是第一位了吧。虽然理论上觉得这些东西没必要留下，但是因为上面附着了感情，就怎么也无法舍弃。我们常常陷入这种“脑子明明知道，行动却做不到”的状态。

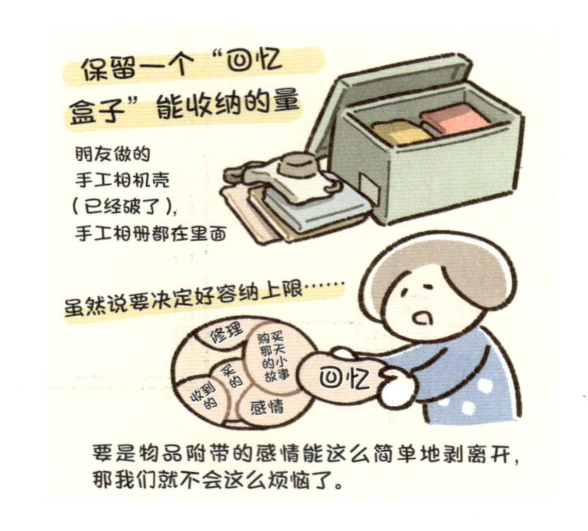

我会把买鞋时附带的鞋盒留出一个，作为我的“回忆盒子”。然后按照这个盒子能收纳的量来保留回忆物品的数量。如果东西溢出来了，不够放，就拍个照片留下回忆，东西本身就舍弃掉了。

人啊，在生活中离不开道具。厨具、家电，哪个都是实用品。回忆物品，现在已经不再实用了。我们出于回忆的目的保管它，偶尔拿出来回忆一下过去。这其实叫作“鉴赏品”。如果我们从鉴赏用途的角度来考虑的话，持有它

是没什么问题的。不过，家里尽是回忆物品的话，我们就没法生活了。要是回忆物品占了收纳的8成，实用品都没地方放，那可以说这两者之间的比例完全颠倒了。可是，就算再怎么下定决心要把鞋盒里溢出来的东西处理掉，如果不能把附着在上面的情感剥离开，我们也难以放手吧。因为自己用它已经成了习惯，还留恋着那种感觉，就算现在不用，也没法舍弃。这时，让自己舍弃的办法就是用道理把自己说服。烦恼的时候，试着抛给自己这样的问题：“没有了物理意义上的东西，这个回忆还能想起来吗？”对这个问题，如果你的回答是“能”，那就舍弃掉。但是，回忆物品是不能再买回来的。如果舍弃之后，又特别后悔，那就交给时间吧。如果每次它出现在你眼前时，你都不确定是否要放手，那么每次都问自己同样的问题。一直这样做，直到有一天你得到答案为止。

试着制作回忆笔记吧

为了能把回忆留下的方法

准备好“回忆盒子”，并拍摄物品的照片，这种方式肯定会有感情整理不到位的地方。前几天，我接到了一个咨询，对方的烦恼是没办法舍弃自己收集的唱片和第一次买的名牌钱包。这两个物品有一个共同点，那就是买的时候都倾注了自己的感情，就算不再使用了，也没办法舍弃掉。关于这点，我想提出一个方案，那就是“把东西拍下来，在笔记里写下回忆”。唱片的话，我们对它的唱片套肯定也很有感情。那我们可以把照片打印出来贴在笔记里，将拿到手之前花费的功夫、买它时的回忆、听曲子时自己的感觉等都记下来。只要“打开笔记，就能回忆起来”的话，也就能比较果断地舍弃了吧。

“没法舍弃收集的唱片、第一次买的名牌钱包”
这类烦恼……

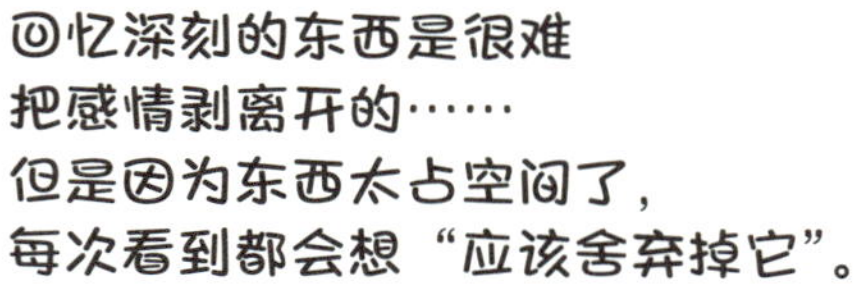

回忆深刻的东西是很难
把感情剥离开的……
但是因为东西太占空间了，
每次看到都会想“应该舍弃掉它”。

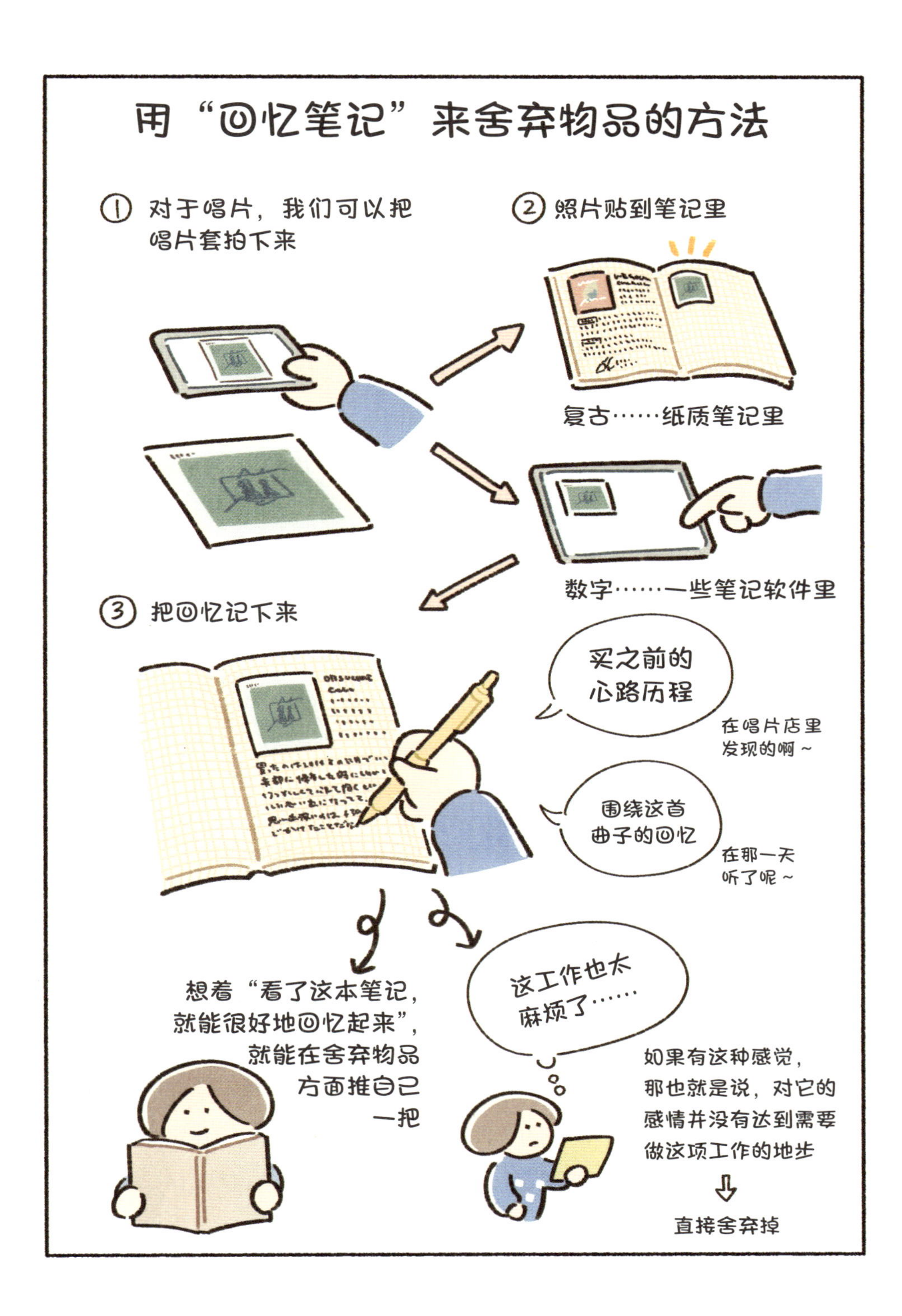
用“回忆笔记”来舍弃物品的方法
① 对于唱片，我们可以把唱片套拍下来
② 照片贴到笔记里
复古……纸质笔记里
数字……一些笔记软件里
③ 把回忆记下来
买之前的心路历程
在唱片店里发现的啊～
围绕这首曲子的回忆
在那一天听了呢～
想着“看了这本笔记，就能很好地回忆起来”，就能在舍弃物品方面推自己一把
这工作也太麻烦了……
如果有这种感觉，那也就是说，对它的感情并没有达到需要做这项工作的地步
直接舍弃掉

承认购物的失败

承认并处理它们可以提高自我肯定感

最近，有没有购物失败的时候？我虽然打算有选择地购买，但每年还是有几次失败的购物经历。最近买高跟鞋失败了。我很喜欢鞋子的设计，还期待着说自己要是连鞋子磨脚期都能度过的话，肯定就能把鞋子穿“熟”了。一边想着这次应该没问题，一边买了下来。结果跟之前的高跟鞋一样，我因为担心脚痛和腰痛的问题，出门的时候就不想选它，结果还是没穿成，拿来压箱底了。每次看到这双高跟鞋，我就会想到我没办法熟练地穿它，直面这个事实让我很失落。像网购了大小不合适的东西、打折时冲动买下了好几件有点突兀的衣服……这些都是没有使用过的东西，我们舍弃的难度是有点高。

我认为这是因为你不得不面对“购物失败”的事实。感觉自己好像把好不

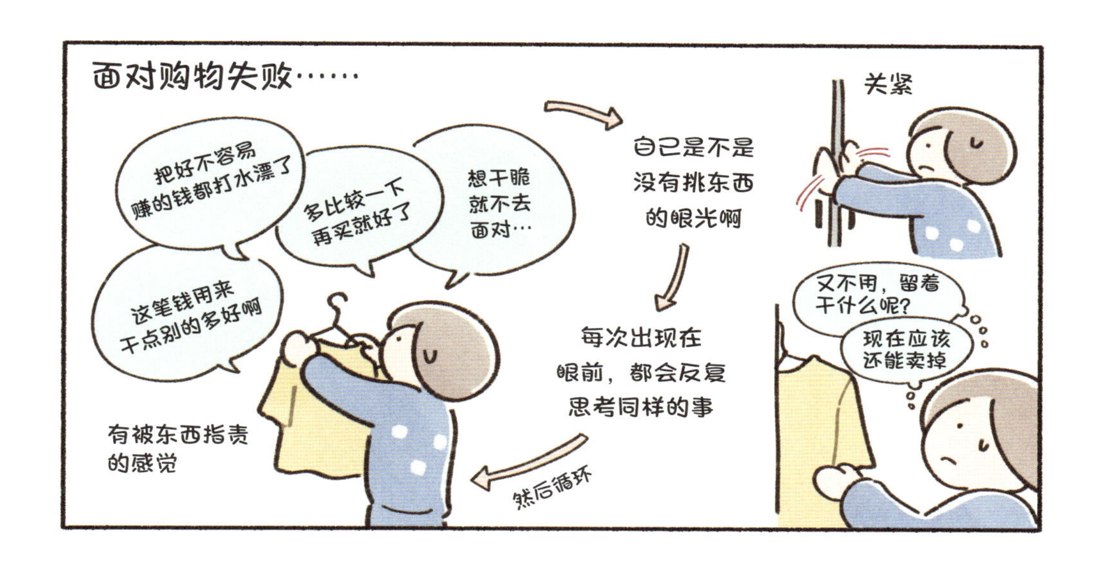

容易赚的钱都打水漂了，要是多比较一下再买的话就不会这样了，自己是不是没有挑东西的眼光啊，这笔钱用来干点别的多好啊……像这样自责的情绪会不断地涌上来。可是，现在不想用的东西，过了一年不还是不想用吗？不把它舍弃掉还继续留着的话，每次看到它就会不断重复同样的想法。所以，承认自己购物失败，尽快把东西舍弃掉，在精神上能快乐很多。况且，东西在一年年老化，在东西的价值降低之前尽早舍弃，还有可能以较高的价格卖出去。即使是送人，别人需要的可能性也更高一些。什么事都不留余地的话，那就没有容纳新东西的空间了。把不适合自己、感觉有点微妙的衣服舍弃掉，衣橱空出来的空间就能放适合自己的新衣服。要是觉得自己这次购物有点失败，那就快速转换心情投入到下一次购物当中吧。

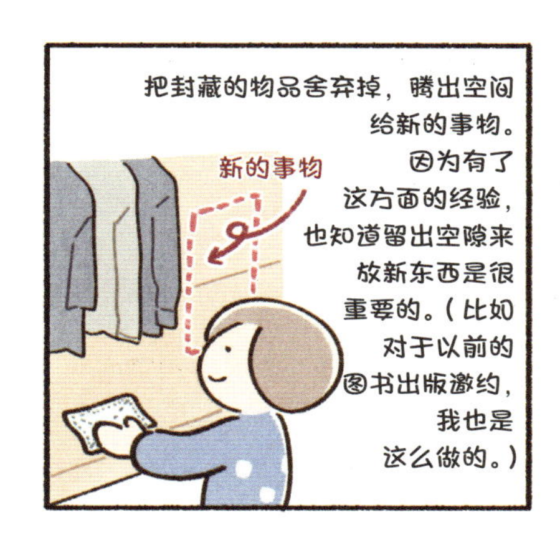

喜欢的东西就留着吧

“不感兴趣的品类”是解决的关键

这是我在做咨询的时候，多次谈到的。我们其实不必勉强自己去减少喜欢的东西。你确定好自己减少东西的目的了吗？这一点其实因人而异。

我呢，希望能在喜欢的地方做自己喜欢的工作、享受自己喜欢的东西，所以为了增加自己的自由时间开始减少物品。自由时间成为我减少物品时的标准，而喜欢与否是我决定保留东西的标准。如果能减少物品保养的工夫，那我就舍弃掉。如果东西少了之后会让家务更费事，或者如果舍弃的话会让自己没办法做喜欢的事，那我就不舍弃。因为我并不是想连爱好也一并舍弃。例如，如果

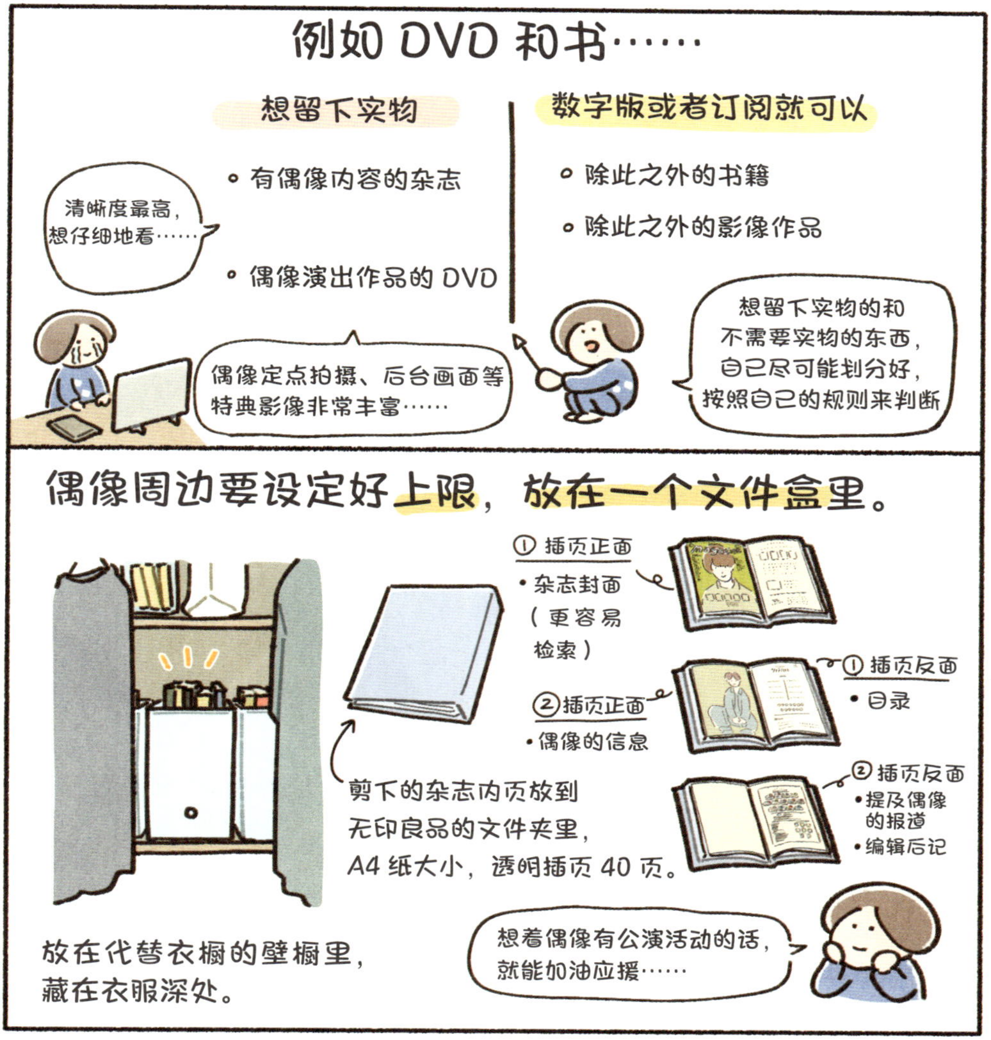

例如 DVD 和书……

想留下实物

- 有偶像内容的杂志
- 偶像演出作品的 DVD

清晰度最高，
想仔细地看……

偶像定点拍摄、后台画面等
特典影像非常丰富……

数字版或者订阅就可以

- 除此之外的书籍
- 除此之外的影像作品

想留下实物的和
不需要实物的东西，
自己尽可能划分好，
按照自己的规则来判断

偶像周边要设定好上限，放在一个文件盒里。

放在代替衣橱的壁橱里，
藏在衣服深处。

剪下的杂志内页放到
无印良品的文件夹里，
A4 纸大小，透明插页 40 页。

① 插页正面
· 杂志封面
（更容易
检索）

① 插页反面
· 目录

② 插页正面
· 偶像的信息

② 插页反面
· 提及偶像
的报道
· 编辑后记

想着偶像有公演活动的话，
就能加油应援……

喜欢做饭，就把想留下的那些厨具都留下来就好。拥有太多不使用的东西，自己确实有必要重新审视一下，但是如果对自己来说是必需品的话，就没必要勉强自己舍弃了。作为代替，可以通过减少自己不感兴趣的某类物品，来达到平衡。确保空出来的空间能收纳下喜欢的品类就好啦。

舍弃大件物品的诀窍

试着抛开名为“一般”的常识

如果你在整理东西方面取得了进展，接下来就是看收纳本身了。房间里容量最大的存储空间，如壁橱和衣橱等，把它们整理好的话，就能创造出更多空间。把房间里出现在视线范围内的东西都收起来，那舍弃掉房间里那些放置型的收纳家具的可能性就更高了。房间里没有东西之后，不仅每天打扫会更轻松，

做家务更愉快，而且从防震减灾的角度来看，房间里也减少了容易倒塌的物品。

另外，建议大家多怀疑自己的常识。用“没有的话估计也没事”这样的雷达，把房间里的东西扫视一圈，或许就能把家具、家电等大件物品舍弃掉了。例如，在我家，那些在一般家庭里认为理所当然应该有的东西，我家是一件都没有。沙发、床、碗柜、烧饭机等，没有也没关系吗？以这样的眼光来看，我意外发现少了哪个我都能继续生活。试着没有它们生活了一段时间，我感觉到少了它们也确实没问题，于是就这样，没有就没有吧。

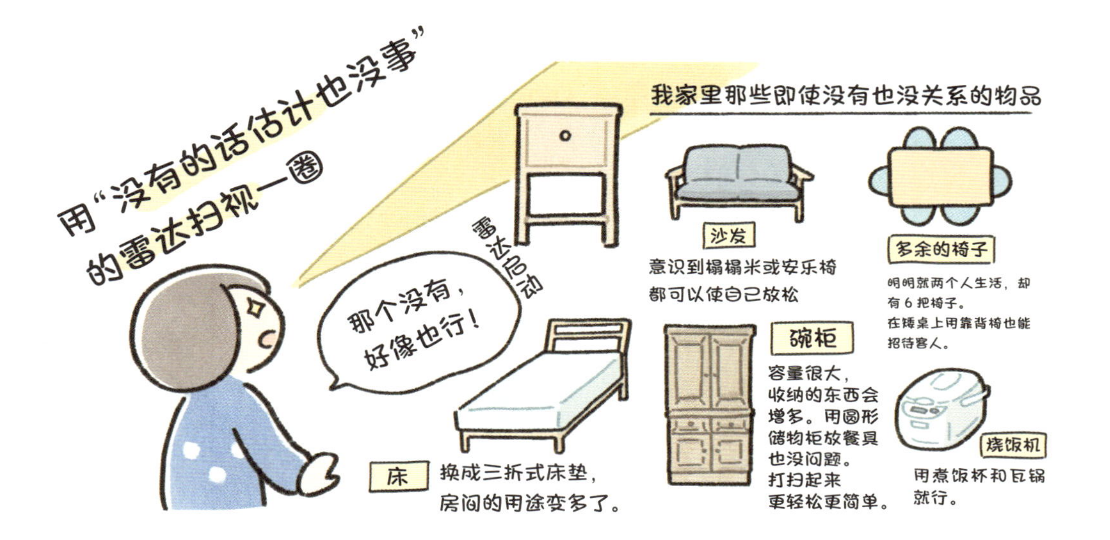

打比方说，卧室有床的话，白天我们也只会把它当成卧室来使用，但是如果换成可折叠式的床垫和被褥，这个房间就有更多使用途径了。床上的床垫又大又重，立起来通风太麻烦，容易发霉。这跟我的生活方式不相符，所以我把它舍弃了，试着换了三折式床垫和被褥，看看生活一段时间会怎么样。结果发现这种方式更适合自己。每天把床垫立起来，从那以后，床垫不再发霉了。

不知道怎么舍弃大型家具、家电时，试试给附近的旧货商店打电话。告诉对方自己想让他们回收的东西，有些是可以上门回收的。此外，面向本地人的地方公告网站上也能找到转让的地方。除了作为大件垃圾处理掉，还有其他很多选择。

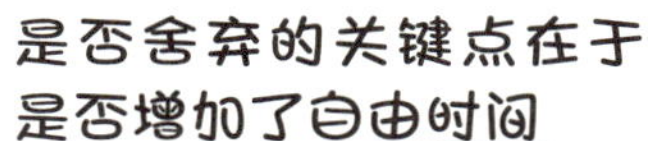

我舍弃的东西 LIST

□ 100 件以上的衣服——换成每季 10 件左右不同款式的衣服

□沙发——换成可折叠安乐椅

□碗柜——换成圆形储物柜

□熨斗——换成衣服专用的蒸汽熨斗

□几十支圆珠笔——2 支圆珠笔

□有线吸尘器——换成无线吸尘器

□床——换成床垫

□三角垃圾槽——撤去

未完待续……

以前不管衣服、家具还是餐具，总觉得数量和种类越多越好。可是，有多少东西就需要费多少工夫打扫和保养。我发现如果我仅保留一小部分喜欢的东西的话，空间和时间都可以增加，自由度更高，就可以果断地减少东西的数量了。

第3章

珍视“喜欢的东西”

减少物品的目的是什么

喜欢的东西不舍弃也没关系

小生活 轻松过

极简主义者
就必须
放弃宅吗？
“极简主义者”
这个词
传播开来了
2015年的时候，像
这样的声音也能听到很多。
例如对于那些为了
“增加和孩子在一起的
时间”，减少物品并
缩短家务时间的人
也没有人质问“明明是
极简主义者，
还要增加跟孩子
在一起的时间吗？”
这样的问题吧
想减少物品生活的目的
因人而异
喜欢整洁
的空间
想增加跟家人
在一起的时间
想减少体力上
的负担
想减少
生活费用
的支出
不必勉强
自己舍弃
喜欢的
东西
即使没有花，
我们也能生活
因为喜欢有花
的生活，
所以才装饰
犹豫时，
就回到
“自己的
目的”上
我想
好好
享受
喜欢的
东西

把我的衣服制服化

1个季节3套样式即可

以前，我大概有 100 件以上的衣服。住在独栋房子里的时候，尽管有充足的衣橱，还是会出现衣服收纳不进去的情况，家里散落着各种衣服。因为没有固定每件衣服的位置，所以一直找不到想要的衣服。

在打折的时候或者在跳蚤市场等地方，因为看重衣服便宜，就买了下来，所以在颜色和尺寸上有所妥协，数量还挺多，没想到全成了不怎么穿的衣服。

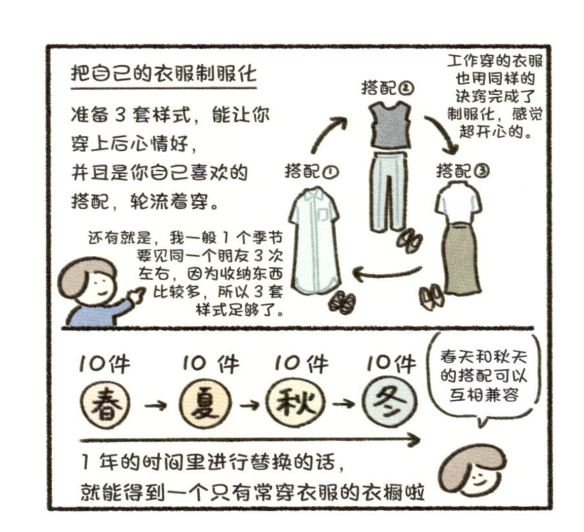

而且，因为不掌握手头有什么衣服，所以就不知道自己应该买什么样的衣服，迷失了购物的方向。我想改变这样的状态，决定把衣橱里的衣服都换成常穿的。

首先，1个季节搭配出3套能够展现自己魅力的样式，像制服那样轮流着穿，努力把“自己的衣服制服化”。这样的话每个季节就有10件左右的衣服来回换。保持衣橱里只有常穿的必备衣服的话，就不会再因为出门时的打扮有点难以言说，而心情不好了。我花了一年时间，把各个季节的衣服都制服化了，衣橱也变得整洁清爽了。

这样的结果就是，不用再烦恼每天早上的打扮了。同时由于衣服数量少，购物的时候，你就会有充足的时间和预算资源用在每件衣服上。再加上，在季节之前就买好了衣服，之后店里就算有吸引人的衣服，也会因为具有“自己已经有必要的衣服了”这样的满足感，减少对衣服的“饥饿感”，也更加节约。

我的经典单品

有旅行意识的话，就知道哪些衣服更好穿

作为一个在衣服数量比较少的状态下生活的人，我想跟大家介绍一下我这几年的经典单品。虽然数量很少，但是不管哪件都是非常好搭配的。

带纽扣的衬衫连衣裙，前面合上纽扣就当成连衣裙来穿，解开纽扣就当成褂子来穿。而轻薄连衣裙则是我这几年，从初夏到入秋，一年中有一半时间都喜欢穿的衣服。冬天的外套有长款和短款，根据温度变化进行选择。天气预报说风很大的日子就穿长款，如果是暖和的天就穿短款，按照体感温度来穿着。

穿了5年多的长大衣
对肩膀宽的人来说，“改肩宽”就是命……
我现在穿的是 green label relaxing 家的长大衣，
在遇到它之前，我经常买了大衣之后却不穿。
原因是我的肩太宽了，而大多数大衣的肩膀那块都
太紧了，穿不了。后来某天，我试着穿了一下
插肩款式的大衣，肩膀很舒服，我简直太激动了，
觉得这样应该能穿！之后，我就穿了5年多。
剪裁的地方在这里，肩膀很紧，真的穿不了啊……
剪裁的地方在插肩处，肩膀不紧了！
轻薄连衣裙也很方便。
改变里面的衣服的话，氛围感也会变，跟旅行的同伴好好挑选吧
很轻而且干得很快……
鞋子是全天候型×只选择能走1万步的那种。
走不了1万步的鞋子，最后会慢慢穿不了。因为我出门大概要走8000多步。
不穿真皮，穿人造皮的，下雨天也能穿……
虽然是皮的，但下雨也OK！
真皮的话，选择雨雪天都OK的工艺。
我很喜欢穿 church 家推出的抛光小牛皮皮鞋。
穿了网格鞋，水都进去了！
以前是跑鞋和轻便运动鞋两用的。穿着鞋去旅行地，结果突然下起了雨，鞋里面进了很多水，我非常困扰。旅行地下雨的时间段比较多……如果不是全天候型的鞋子就会很不安，最后就不再穿了。

从整体搭配来考虑衣服的选择

根据充满期待的计划和安排来选衣服

最近，我努力以搭配为单位来考虑衣服。例如，在纸上列出未来 3 个月令人期待的计划——跟朋友旅行、去看偶像的舞台。然后，想想在这个活动上想穿什么。比方说，想到“舞台的主色调是蓝色，所以想穿蓝白条纹的短裙”的话，就在杂志或者穿搭网站上收集跟你的想象相近的搭配。接着跟手头的衣服进行对照，自己思考一下想要怎样的搭配，列出需要补充的单品。像这样，用充满期待的计划和安排来考虑的话，你不觉得衣服的选择就变得很有趣了吗？还有像工作时穿的衣服，比如室内办公、出外勤、会议等，根据时间、地点、场合来权衡好衣服舒适度和好看之间的关系吧。

我想打扮是因为有想展示的人在……

想象一下，在像后末世（文明衰败之后最终的世界）一样的感觉（？）下，1 个人在家生存，谁都不见的话，当然不需要化妆，还能一直穿着同一套睡衣之类的……所以我想，果然打扮是因为有“社会”或“想展示的人”存在的社会性行为啊。

看来貌似要一直穿着卫衣 + 披着毯子生活下去了……

以搭配为单位来考虑穿搭！
①列出未来3个月的计划
②想穿什么样的衣服 写出印象，比如颜色
③在②的基础上去穿搭网站或者杂志上收集比较喜欢的搭配
④跟手头的衣服进行对照，来考虑搭配
未来3个月，充满期待的计划
1 跟朋友一起去山里旅行，住3天2夜 行李虽然少，也想时尚一点
2 偶像的舞台 主色调：蓝色
3 演唱会 主色调：灰色、黑色、紫色
1 山里旅行
帆布背包 30升
相机想一直放在口袋里
需要口袋
要往返的话，从减少行李的角度进行穿着
2 偶像的舞台
想拿蓝色的周边包包
3 演唱会
想提高战斗力
黑色
灰紫色
站着不累同时又厚又结实的鞋子
用充满期待的计划和安排来考虑的话，衣服的选择变得更有趣了！
有一段时间，我感觉考虑穿搭很麻烦，积极性减退了不少，用这个方法，再次感受到了挑衣服的乐趣。
染一个一日限定的应援色
往往会选择同好能够明白的编织花纹……
应援色的指甲
应援色的戒指
……
打扮变得好有乐趣！！
工作穿的衣服，需要考虑的重点
用熨斗熨一下就能穿布料选择，很重要。柔软丝滑的布料，最好。
冬天工作穿的鞋子
✓能在薄薄的积雪上行走
✓有放入足用暖宝宝的余地
✓也适合紧的衣服
✓一直站8小时也OK
选择了这些都过关的鞋子，因为我生活在多雪的地方……

“喜欢”和“适合”能解决万事

在购物方面拨云见日

在把自己衣服进行制服化的过程中，可能会发现自己不知道该做怎样的搭配。这种时候，知道“喜欢”和“适合”两点的话，会成为衣服选择的指导方向。一件衣服，自己再怎么喜欢，如果每次穿都被人说不适合，穿的次数也就变少了。而且，穿着跟平时不一样的衣服时，自己也会想，这到底适不适合我呢，总有一种不安的感觉。所以，要是知道满足了适合的条件，就能自信满满地出门，心情也会变好。同样地，反过来讲，一件衣服再怎么适合自己，如果不喜欢的话，就不会有想穿的心思。喜欢和适合如果相互对立的话，从结果来看，衣服也没办法长久并喜欢地穿下去。如果你能明白这两点的话，在购物方面就能守得云开见月明了。

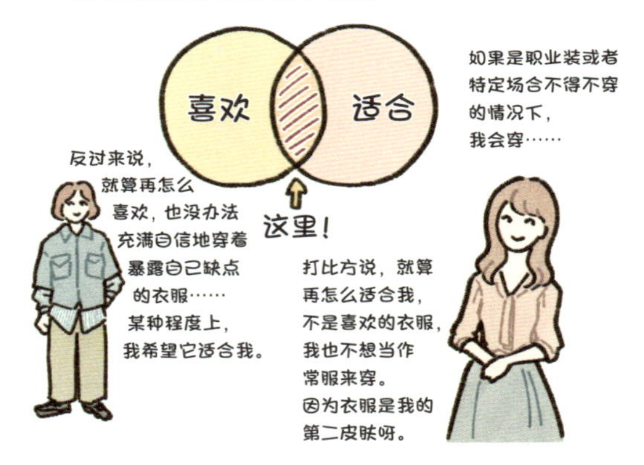

首先，我们先要知道自己的喜好。我们在找工作的时候，一开始就会自我分析，想要进什么行业、在什么工作岗位发展。那么同样地，对衣服的选择，

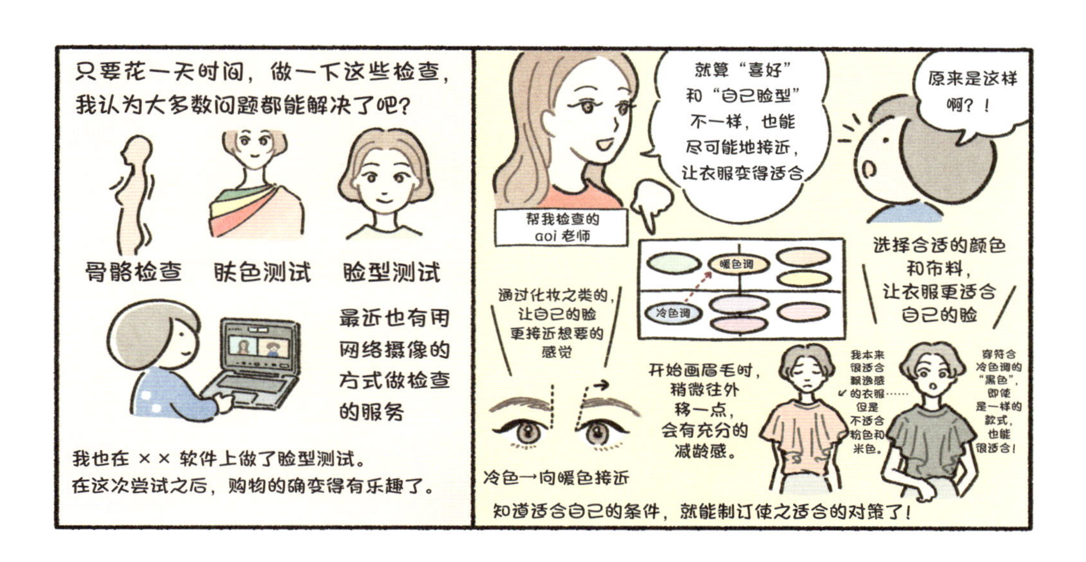

我也建议你先做一个自我分析。例如，喜欢好看、舒适的话，那么好看和舒适的比例就很重要了。收集一下比较中意的搭配，分析一下搭配的哪些部分承担好看的要素，哪些部分承担舒适的要素。然后，试着找找喜欢的比例有多少。顺便写出在必需衣物的选择方面，不能让步的点是什么。

接下来，就是要明白什么是“适合”。想知道适合自己的条件，我建议大家可以做一下骨骼检查以及肤色和脸型测试。三个检查一天就能做完了。从中获得的知识会成为你今后一生的宝藏。知识是在时尚方面强有力的武器。

我在做脸型测试的时候，形象顾问老师跟我说“理论上来说，谁都能变得时尚”，我从中获得了勇气。于是，我制订了让喜欢的衣服适合自己的对策。这样，知道了适合自己的条件之后，在时尚方面我就能“自由”，而不是被“束缚”住了。

美容护理的目标

想变成一个闪闪发光的人

你见过会发光的人吗？我在从事接待客人的工作时，顾客中偶尔会出现发着光的人。虽然年龄和服装类型各不相同，但是那些人周围闪闪发光。她们的共同点是肌肤透亮干净，头发也很健康。我跟朋友打听了一下，从事服务业的人，很多都看到过发着光的人，比例还不少。我美容的目标就是成为这样会发光的人。和整理房间一样，我认为，在美容方面有理想的目标也很重要。我想要在为偶像应援时变得强大而美丽。比如在粉丝见面会等与偶像见面的场合，我希望自己可以不再胆怯，能更加享受过程。这也是我美容的动机之一。

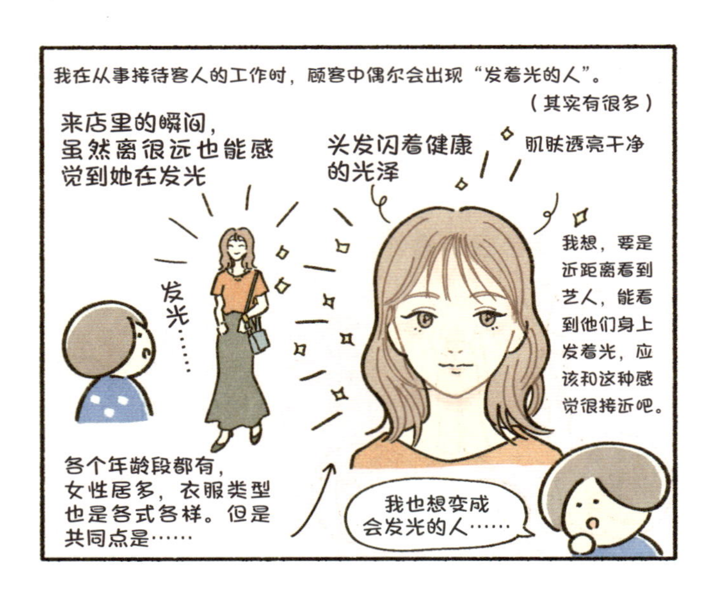

想变成会发光的人，试着做了这些事
试着换成了用香皂就能洗掉的CC霜。
naturaglace
naturaglace家的化妆乳霜
在担心皮肤干燥的时候，不再觉得麻烦，敷上了面膜。
换了吹风机
换成1000日元的吹风机后，我惊讶地发现头发变得光滑了……
REPRONIZER 2D Plus
我向美容师咨询了一下，“想要在头发上做投资的话，应该优先考虑什么呢”，她立刻回答说“应该是吹风机了”。
用存下的购物积分买了REPRONIZER 2D Plus家的吹风机
做了脸型测试
头发剪短之后，金色大耳环变得不太适合了……脸型更适合冷色，戴上流线型的银色耳环，感觉“就是它了！”跟脸很搭，感觉非常和谐。
朋友来家里的时候，请她们试了一下吹风机，大家都被实际效果惊到了。好几个人都买了。

住在外地时发现的购物方法

仔细准备，一天时间就买完

我的衣服都是在什么时候买的呢？前文（P42）已经说过了，以前我主要是在打折的时候买，衣服颜色和尺寸都不尽如人意，我不知怎么就妥协选了它们。现在，我会在下个季节开始前，也就是库存最充足的时候买衣服。虽然都是按照原价出售，但是对我来说，衣服在最佳时期反复穿才是最重要的。例如，在5月以原价买好夏装，然后一直穿到8月末，跟7月末打折时买好后一直穿到8月末相比，前者穿的次数更多。不管怎么说，从5月到7月末的期间也同样是必须穿夏装的温度，早点买好了，出门的时候也就不会为难了。再加上，流行的东西和自己的喜好一直在变化，同样的一件衣服，自己都不知道明年会不会经常穿。就算只是放在衣橱里保管着，衣服的品质也会渐渐降低。对我来说，在最佳时期尽情地穿它，才是更值得的。

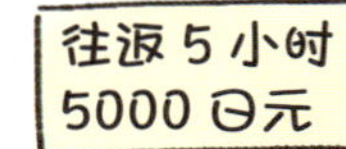

我住在外地的时候，附近只有优衣库和岛村两个牌子，要想去买别的牌子，只能去城里……
往返5小时
5000日元
因为花了这么多时间和金钱去购物，不得不在一天之内都买好了。
离最后一班公交车的时间还有1个小时！
习惯之后，一天买完所有东西，感觉很开心。
决定好“今天买”的衣服，一定要买回家。培养了自己的决断力。

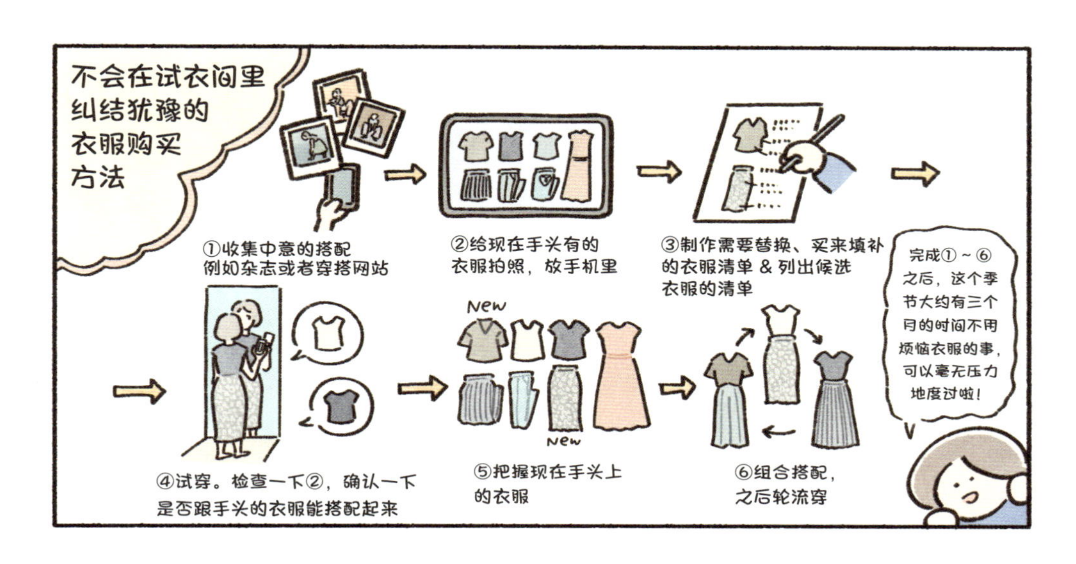

为了不在试衣间里纠结犹豫，给大家介绍一下我的购物方法。在季节开始前，先收集一下比较中意的搭配。接着，列出从去年开始就一直留在手上的衣服的清单，写下需要买来替换和填补的必需衣物。然后，把候选衣服列一个清单——预购清单。定好购物的日子，用一天时间来回试衣服。预购清单上排第一位的衣服试完之后，觉得不合适的突发情况也很多，不试一试真的就不知道。买下跟自己最搭的衣服，然后跟手头有的衣服整理在一起，制成清单。把衣服组合成各种搭配，做成制服，然后轮流穿，就是这样的流程。

现在，我住在随时都能购物的街上，但因为效率高，我依然用这种方式购物。即使在购物日之后逛街，因为已获得拥有必要东西的满足感，也就不会冲动购物。

用“装饰物”给生活增添色彩

让人舒服的房间最重要的要素

为了摆脱脏屋子，我已经把那些即使没有也能生活下去的东西都一个接一个地舍弃掉了。可是留下来的还有像画之类的装饰物。再次重申一遍，我并不想要把家里弄得像单人牢房一样，房间里什么都没有。我理想中的空间是寺庙里可以观赏庭院的房间。虽然房间给人的印象中，只放了矮桌之类的家具，其他什么都没有，但是不可思议的是，不管多久，我都能在里面身心放松地度过。庭院的自然景色令人心旷神怡自不必说，望一眼墙壁，壁龛里还挂着挂轴，插着时令花卉。我能感受到主人待客的心意。虽然什么都没有，但却是让人“放心”的理想空间。

想把“现代壁龛”一样的空间引入家里。

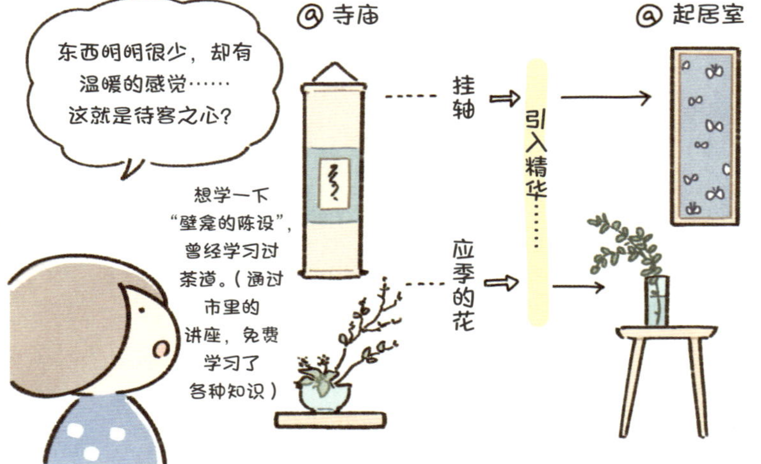

把minä perhonen家的手巾用画框裱起来装饰好，把凳子当作放花瓶的台座。

把壁龛的元素原封不动放到西式房间里，会有点不协调，于是我继续思考“那么这个房间该怎么引入元素呢”。

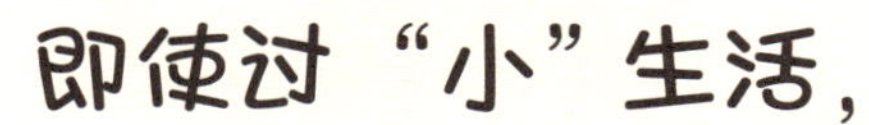

也能买的东西

花瓶……在杯子里插花虽然也可以，但是一想到“曾经插过花”，倒饮料进去喝就有些犹豫，总觉得这是“脏的”？

即使过“小”生活，
也能买的东西

在宜家
买的花瓶
499 日元。

有了偶像之后买得很值的东西

录像之后
想看几次就
看几次，
太幸福了
……

相框应该是
枫木的。

在 IDÉE 家买了毕加索的画！

7 年多时间里一直在犹豫要不要买。

买了电视机和蓝光录像机真是太好了。虽然我已经在没有录像的情况下，生活了有近 10 年，但是我想把偶像活跃在荧幕的影像都留下来，治愈心灵……光盘也从 DVD 变成了蓝光碟。（高画质最棒！）

和 pink pepper 家花的画放在同一个空间里装饰的话，相性应该会很好！一边想着一边买了。

装饰物基本上都挂在墙上，我会选择一些好打扫、不花费工夫的东西。

没有装饰也能享受节日

营造节日氛围的方法

节日的时间，我现在会用消耗品㊀来愉快度过。以前我一个劲地买各种节日的杂物，比如圣诞节时放在桌上装饰的圣诞树啊，快到万圣节时模仿南瓜的样子做的点心蛋糕啊。可是，节日的杂物必须要做收纳管理。而且，1 年中装饰的时间也就 1 个月左右，不使用的时间很长，还占据收纳的空间，东西要是太多就不好管理了。所以，在不给自己增加负担的情况下，以适合自己的生活方式来享受节日是最好的。

㊀ 消耗品在这里指的是，使用时会消失或损耗的物品，如食物、鲜花、日用品等。——译者注

虽然我现在以消耗品作为优先采购对象，
但是对于有小孩子的家庭来说，
为了小孩子的情感教育，入手
一些节日物品，我觉得也是
很棒的。
想想自己，多亏了小时候
开心的回忆，现在我也
一直认为12月是
我的快乐月。
在不给自己增加负
担的情况下，增加
一些节日物品就好啦。
为什么要在圣诞树上挂星星呢？
是啊，为什么呢……
玩字母日历，特别兴奋
里面会出来点心
24
11 23 19
21 6 22 5
10 3 8
因为1年里有11个月都处于收起来的状态，如果收纳方便的话就更好了……
买来从杉树上剪下的树枝，
做成临时圣诞树的样子也
不错呢。感觉很酷！
方便收纳的圣诞节装饰灵感
木制的圣诞树可以
折叠起来，
像这种方便
收纳的小物有
很多。
卡片
+
支架的组合
也不错。
方便收纳而且还
可以每年更换
卡片，超有趣。

第3章 珍视『喜欢的东西』

保管了25年的水晶

虽然不是必需品，但是想放在身边的东西

光
照过来
的时候，
光线会
落在
桌面上，
很漂亮！

虽然不是必需品，但是却想放在手边的东西，我家里也是有的。例如，我家客厅放花瓶的旁边位置，在这样的黄金地段上，放着一枚水晶。它很小，用手掌就能包裹住，完全露不出来。我留着它，不是因为宗教方面的理由，也不是因为它符合幸运石的概念。我只是喜欢这石头，喜欢它带给我的回忆罢了。我在小学一年级的时候，不可思议地喜欢上了石头。那是因为，我从小就认识的好朋友，他很喜欢。从落在贺茂川河里的漂亮石头，一直到“天空之城”里出现的飞行石一类的虚构的石头，他都特别喜欢。我和他一天到晚都待在一起，自然而然地就对石头产生了兴趣。我想，我大概是羡慕他一直非常珍视那些石头吧。有一年暑假，我们全家一起乘客船去鸟羽市旅行。船上有一家卖石头的店，里面展示着各种石头，从看着就很灵验的大水晶球，到像原矿石一般有些粗犷的紫水晶。于是，我让父母买了这枚手掌大小的透明水晶给我。旅行回来之后，我

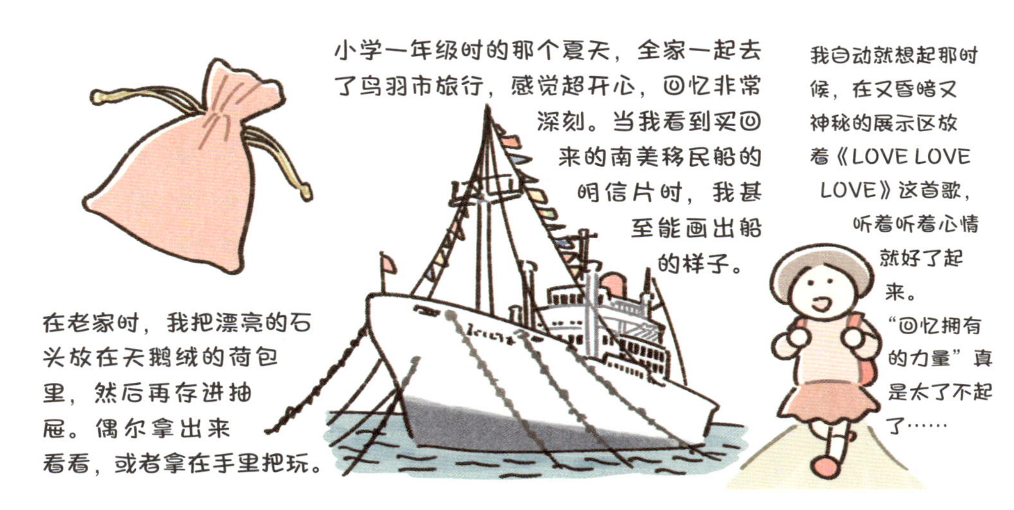

小学一年级时的那个夏天，全家一起去了鸟羽市旅行，感觉超开心，回忆非常深刻。当我看到买回来的南美移民船的明信片时，我甚至能画出船的样子。
我自动就想起那时候，在又昏暗又神秘的展示区放着《LOVE LOVE LOVE》这首歌，听着听着心情就好了起来。
“回忆拥有的力量”真是太了不起了……
在老家时，我把漂亮的石头放在天鹅绒的荷包里，然后再存进抽屉。偶尔拿出来看看，或者拿在手里把玩。

把它放在抽屉里，非常爱惜它。一有机会就拿出来，对着光照照或者在手掌中握着。进入初中、高中、大学……虽然我已经不会像小学那会儿那么频繁地把水晶拿出来欣赏。但是现在看到这枚水晶，脑中会自动浮现出当时船里的场景，耳边还会响起店里放的 DREAMS COME TRUE 乐队的《LOVE LOVE LOVE》这首歌。我很自然地就想起了我小学一年级的那个夏天。我喜欢这种触动自己的感觉，所以现在也一直把水晶放在客厅的最佳位置上做装饰。虽然水晶的角有点残缺了，但是我不想再买一个全新、好看的水晶来替代它，也不想买其他更多的水晶，因为，只有它对我有意义。我活着的时候，应该会一直把它装饰在那里，并不是因为有什么价值，要是我死了，它也会被扔掉，从这个世界上消失掉吧。反正大多数我们拥有的东西好像都是这样的结局。当光照到水晶上的时候，光线会落在木质桌面上，25 年过去了也没有变，一直是那么漂亮。

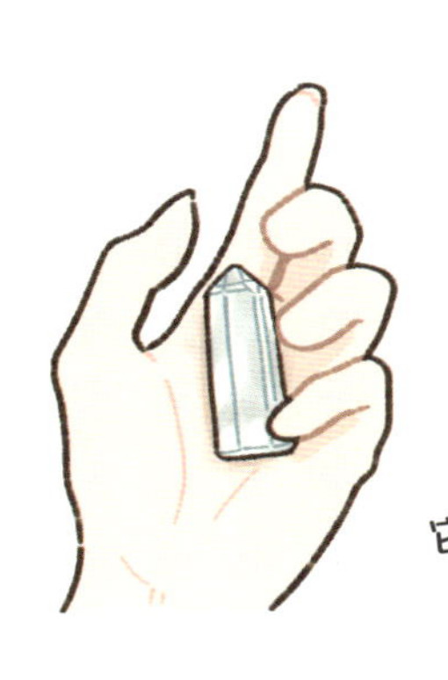

没有它，我当然也能生活下去，但是因为有自己独有的回忆在，所以能强烈感觉到这是“自己的家”。要是我死了，它应该就会被扔掉吧。

保持精神上富足

偶像应援的日子

我现在在追星。看着那个与我同龄的人精彩地老去，已经成为我生活中的一种乐趣。它激励我要照顾好自己的身体，因为我想活得更久。话说回来，你保持东西少的状态是为了什么呢？我的话，是希望增加自由时间，并用这个时间做我喜欢的事。而追星就是我喜欢的事情之一。我在观看演出作品的光盘、看偶像的杂志采访和欣赏偶像照片的时候，会感觉特别幸福。所以我并不想把喜欢的东西也舍弃掉。不如说，我是为了保留我喜欢的部分，把其他不怎么感兴趣的和没有也没关系的东西都舍弃掉，把空间腾出来。因为一身轻松了，所以想把获得的时间和空间都充分地利用起来，进行偶像应援。因此，刊登偶像的杂志和光盘成了我比较明确的“必需品”。不厌其烦地观赏同样的舞台让我心灵得到治愈，工作起来更有动力了。

虽说如此，我也知道偶像周边不能无限制地增加。家里收纳空间有限，而

且我也确实很想在整洁的环境里生活。一边追星，一边轻松生活，是可以做到兼顾的。不如说，为了不让东西无止境地增加，或者是能快速拿出自己想看的东西，有偶像的人更应该对东西进行管理。于是，我也会给自己可以拥有的偶像周边定一个上限。暂时先定好有多少量能收纳在无印良品家的宽文件盒里，然后再获取周边。我给自己定了这样的原则：杂志在家里放了一段时间后，就剪下封面和偶像的内页，其他部分直接舍弃掉。光盘的话，虽然我也能通过电视之类的媒体看到演出，但是因为光盘里面有幕后花絮以及特别节目，所以没办法舍弃。如果家里光盘多起来了，就重新审视一下其他物品，保证有足够的收纳空间。我还有一个原则是，追偶像的当下是最优先的，对于偶像以前的周边，我只会在特别想要的时候才入手。这也是为了让家里不要无限制地增加东西。

有了花就能开启整理

订购服务和生活

我一旦开始装饰花，就会开启整理工作，这是我个人的整理开关之一。就像我们在旅行地遇到美景就会想拍照的感觉一样，好不容易在家里装饰了花，我会想拍一张照片来收藏。

一旦准备拍了，我就会想把花旁边不需要的东西暂时放到一边去。一边想着把相机能照到的范围都打扫一下，一边我就动起了手，把花瓶周围都弄了个干干净净。这地方立马变成了一个让人感觉舒服的空间。于是，在整理花瓶周围的过程中，我的打扫欲望也被点燃了。我们每天都映入眼帘的房间往往会让

使用订购之后，减少的东西

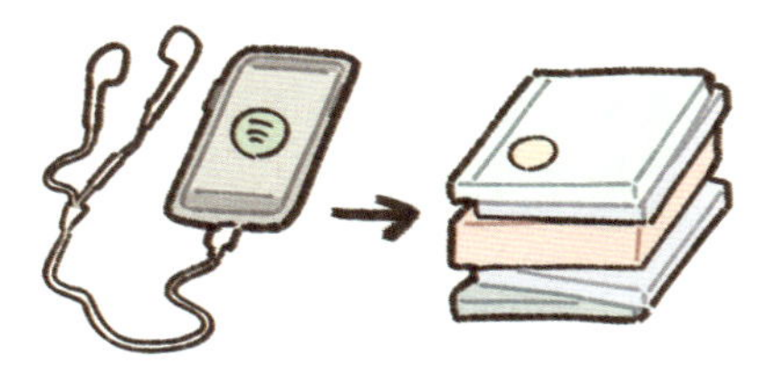

使用 Spotify 之后，CD 减少了。

手机的使用流量也减少了。现在可以制作符合当下气氛的播放列表了。

使用杂志网站之后杂志减少了。

还可以读读时尚杂志，要是纸质的话我肯定不会买。兴趣爱好变广泛了，真好。

通过订花服务，让花瓶的周围能够保持收拾干净的状态。

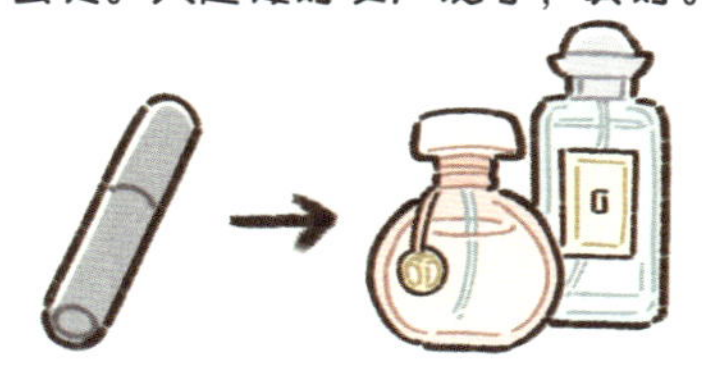

通过 COLORIA 家的香水试用网站，香水的损失减少了。

香水绝对是使用多少年都用不完的，买一个月的使用量更方便。

现在市面上真的是有各种订购服务啊。

包包订购

衣服订购

家具订购

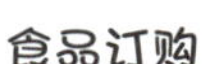

食品订购

我虽然想尝试食品订购，但是不知道能不能用完，还在犹豫中。

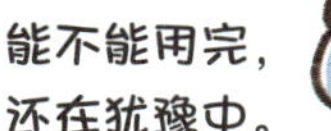

人进入一种“好像看得见，实际上看不见”的状态，而用相机对着看，就能够让自己回归客观的视角。

去年年底我开始使用订花服务。它是每周末把小型的时令花束送货上门的服务。通过这项服务，我对花的大小和数量都有了规划，订购一次也就 550 日元。就算是新手也可以轻松地插花。每周末，我把花装饰起来的时候，就想顺便都整理一下。我把它变成了我的整理开关，养成了好习惯。

我喜欢的东西

LIST

- □TAKAGI的“超立体短裤”
- □三菱的“JETSTREAM中油笔”(圆珠笔)
- □Rollbahn的“活页本”(可以替换本子内页)
- □IRIS OHYAMA的“Airy床垫”
- □今野毛巾的“TSUMUGU毛巾”
- □A.P.C.的半月包
- □Tiffany的“By the yard项链”
- □“NANOBAG大号”“NANOBAG小号”(环保袋)

未完待续……

找到自己的经典，就算坏了也能买一模一样的换上，感觉非常安心。不勒的短裤、出墨流畅的圆珠笔、超便携柔软的毛巾等，哪一件东西都考虑得很体贴周到，都是我的宝贝。每次东西坏了，我就重复地购买同样的东西。

第4章

制订持续流畅的规则

整理的“道具”也很重要

包的意外活用法

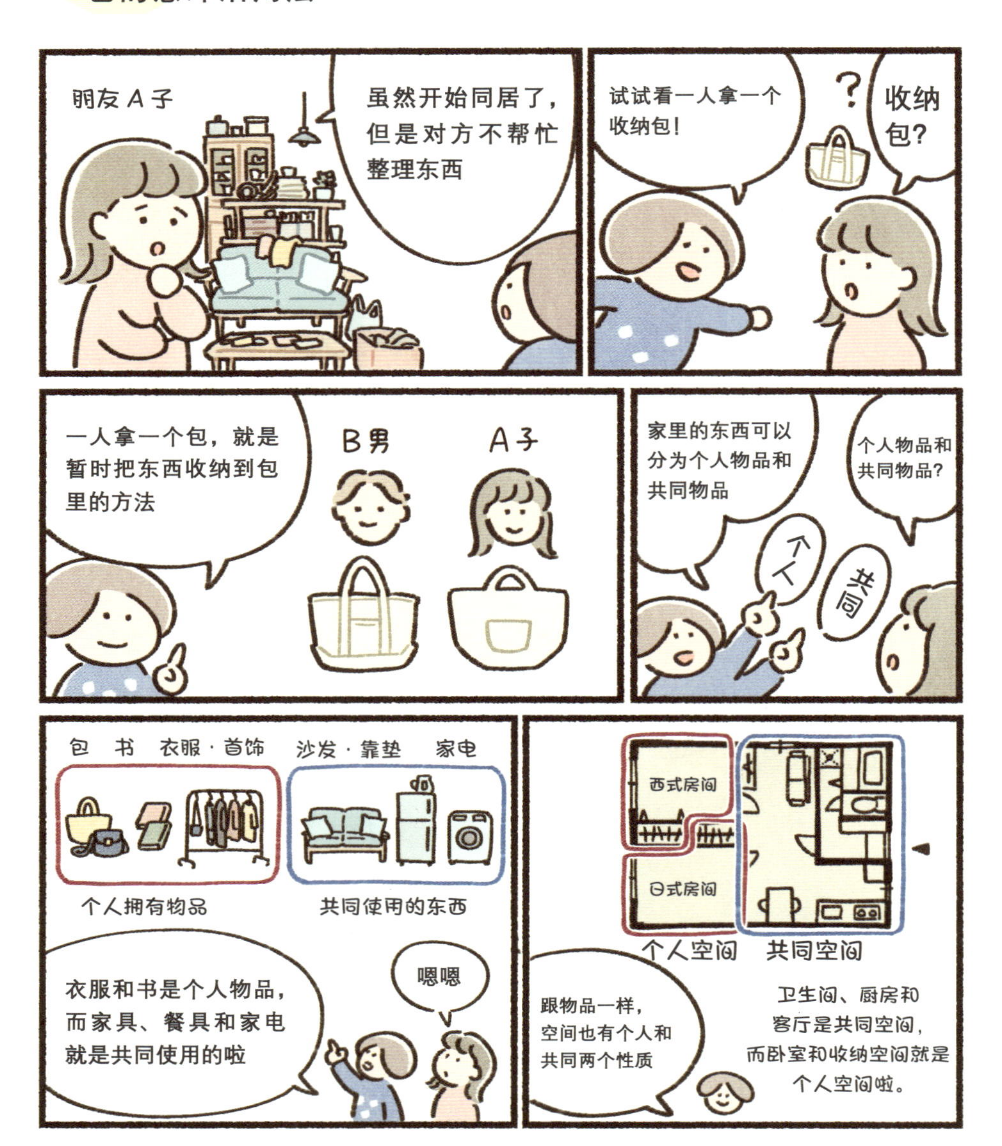

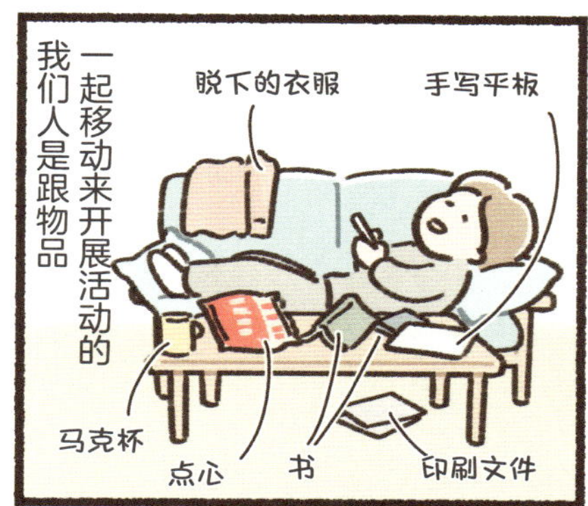
我们人是跟物品一起移动来开展活动的
脱下的衣服
手写平板
马克杯
点心
书
印刷文件

那个人离开之后，东西却都丢在那里，我觉得很乱。

哪些该放回到哪里，感觉很困扰吧
而且，随便收拾的话，会被问“那件东西在哪里”，如果找不到责任全是我的。

这时候就要用到一人一个收纳包
大约有A4纸那么大，就可以

在共同空间里放着的东西，先把它们暂时放到个人的收纳包里
饭做好了！必须得确保有放的地方！
像这种时候包就帮了大忙

不用想应该放回哪里，可以暂时收拾起来

当被问到“那件东西在哪里”的时候，只要回答“在那个包里”就可以了，这样省去了后面的麻烦
那个在哪儿？
全都在那里面！

感觉这样很不错！
试一试吧
用手头有的包就能做到哦

写给容易反弹的人

树立“定数·定量”的意识

好不容易减少了东西，结果物品量又反弹回来了，感觉完全做了无用功。对于每次都反弹的人，我有些话想跟你说。

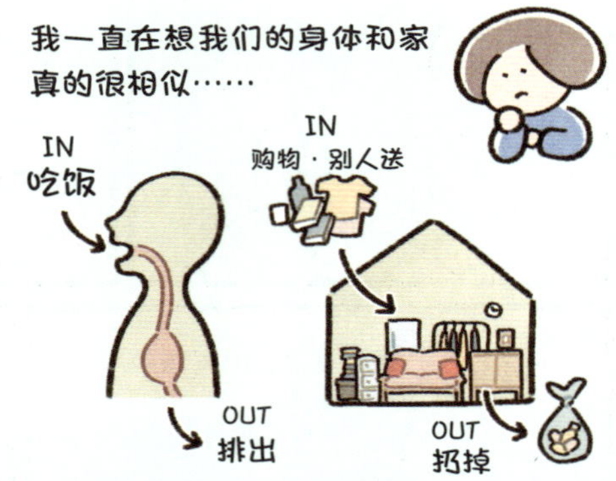

其实家跟我们的身体很像。我们人为了生存下去，是必须要吃饭的，但是如果我们只是一个劲儿地吃，不排出去的话，肯定会让身体不健康。我们在摄入必需的营养之后，也要排出那些不再需要的物质。家也是一样的，需要的东西暂时放进了家里之后，那些使用过不再需要的东西就必须放手舍弃掉。不停地增加东西却不减少的话，物品量会不断地堆积，就很难保证房间的整洁了。家和我们的身体是一样的道理，有东西增加进来，就必须有东西减少。我想只要把这件事放在心上了，整理就不会停滞不前了。

那么，为了不再反弹，我的诀窍是要树立“定数·定量”的意识，让它成为物欲的制动器，防止物品不断增殖。“要是家也能放在体重秤上称一称总量就

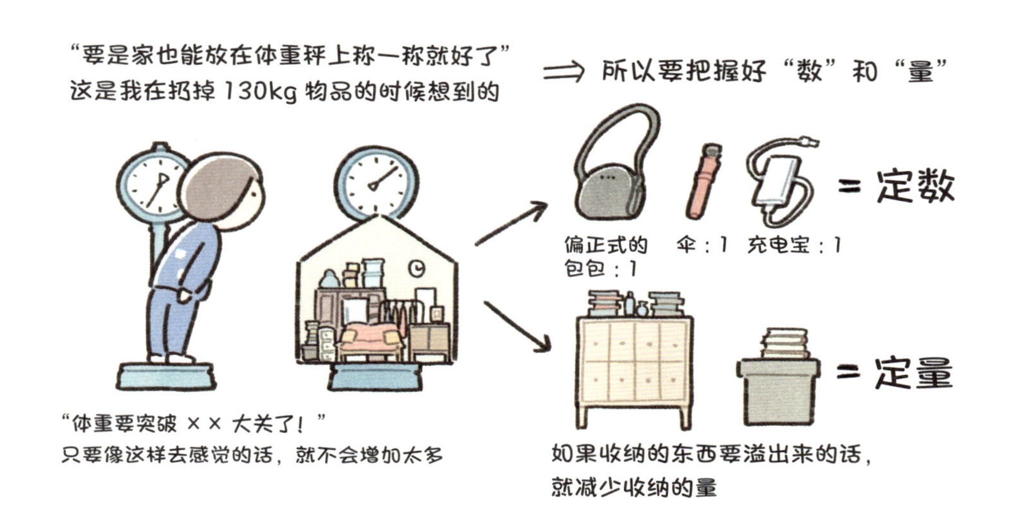

好了”，虽然我们并不能这么做，但是我们可以把握好每个类别的物品数量。

人的喜好不会简单地改变，我们出门总是会被那些相似的东西所吸引。比如，以前我特别喜欢带颜色的棉布包，每次出去都会忍不住买回家，家里相似的包已经很多了，偏正式一点的包却一个都没有。拥有的东西完全失衡了。如果给包包按照用途来分类，每个种类定一个包的话，就算以后看到那些吸引自己的同类包，我们也能够冷静地意识到“这种用途的包我已经有一个了”。必要的东西我只要必要的量，当我们获得这种满足感的时候，它就成了我们物欲的制动器，我们不再买那些同样的东西，可以省下一笔钱。

要是出现这种情况：跟手头的包包相比较，你觉得买新包更好。那么，只要坚持一个进来一个出去的替换原则，就可以做到既能更新又能防止物品量的增加了。

消耗品存量只有一个就够了

存储空间非常宝贵

你在家里存了多少消耗品？自从在 2020 年春天，有了买不到卫生纸和口罩的痛苦记忆之后，“不存点消耗品太不安了”这样的想法，相信很多人都有深刻体会。我也是从那之后重新审视并改变了这两个物品存储的数量。话虽这么说，因为我家收纳场所比较有限，所以我决定还是不要买太多。

预先储备好的东西叫作库存物品，而现在使用的消耗品叫作流通物品。跟流通物品相比，库存物品太多的话，就会挤占生活空间。例如，假设你买了够用几年的香皂，或许确实很便宜，可是存储空间有限，而且你也要想想，如果皮肤状态发生变化，想换成别的产品

虽说库存全没了会感觉不安……

“以每年要使用并替换掉多少”作为基准，
定好库存数就可以了
（像洗涤剂这样使用频率比较高的东西，
差不多过“1 个月”就要看看）

使用的时候，这些库存物品该何去何从。而且，大量购入的话，慢慢地就不能清晰地掌握自己究竟有多少东西，会买来同样的东西，让库存管理也变得困难。在我家，根据库存管理难易度和使用频率，基本上每种库存物品都是 1 个，根据购物形式不同有时会买 2 个（因为邮购 2 个会有免运费之类的优惠）。另外，2020 年春天卫生纸快用完的时候，我给住在东海道的朋友打电话，听到朋友对我说“实在不够我给你寄点吧”，我心里真的震了一下。一想到在万不得已的时候，我可以找住在远方的家人和朋友帮忙，就有一种从库存恐惧症中摆脱出来的感觉。

打开整理的开关

凌乱时候的护身符

生活总是很凌乱的。特别是工作繁忙或者家人卧床不起的时候，家里会极其凌乱。我们其实并不需要全年都保持最干净的状态。基于房间里溢出来的物品量，把招待别人时的状态比作“1”，脏屋子状态比作“10”的话，只要定期整理之后，不管多少次都能回到“1”的状态就可以了。最好是多准备几个打开整理开关的方法。

我来说说，我个人打开整理开关的方法吧。第一，虽然实际上不上传也可以，但还是一边“打算上传到社交软件上”，一边拍房间的照片。看到画面里房间的惨状后，被吓了一跳。因为在生活中，我们往往会陷入以为看得清但实际上看不清的状态。第二，搜索理想房间的图片。理想房间和自己房间的差距就会立马浮现出来。第三，考虑一下运气方面。一直藏着那些不用的东西运气会变差，玄关太凌乱会成为工作的障碍，连带工作运势也会变差，我

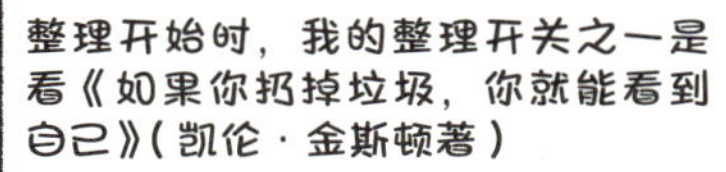

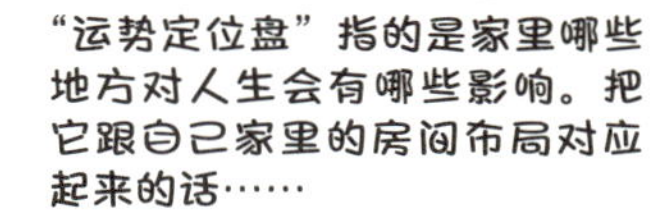

一读到这些关于运气的文章，感觉整理这件事情就像火烧屁股一样紧急。我爱读的书是《如果你扔掉垃圾，你就能看到自己》（凯伦·金斯顿著）。看了这本书之后，我会想要一只手拿着垃圾袋在房间里到处奔走。第四，把舍弃的东西在社交软件上公开。一天减少一件东西，算下来，一年就是 365 件，感觉非常轻松。不过想要达成这个目标，我们必须要养成习惯。这时候，把舍弃的东西上传到社交平台上，让别人看到。这种感觉就好像被人静静地见证一样，会成为你继续下去的动力。当你回顾整理成果的时候，你会很有干劲。当然，如果你觉得在公开账号上发布私人内容难度太高的话，你也可以把账号设置为非公开，然后再进行上传。另外，在播客上听别人整理东西的音频也会特别来劲，非常推荐大家试试。我们就是要多准备几个适合自己的整理开关才好。

创造整理的机会

从契机开始行动

如果你想整理房间，就应该请人来做客。我感觉这是最有效果的。当我们感觉整理的时候太惯着自己，比如本来要舍弃一些不需要的东西，结果自己没办法舍弃，东西在房间的角落逐渐堆积起来。这时候马上想一想“真希望谁能来家里做客啊”。随着这个想法的指引，不久后就会有采访或者朋友过来之类的情况。不可思议的是，这样的情况还蛮多的。只要想着要招待客人，我们就会有计划地舍弃那些积攒起来的东西，房间的角角落落也会擦得干干净净，玄关的地面更是擦得闪闪发光的。

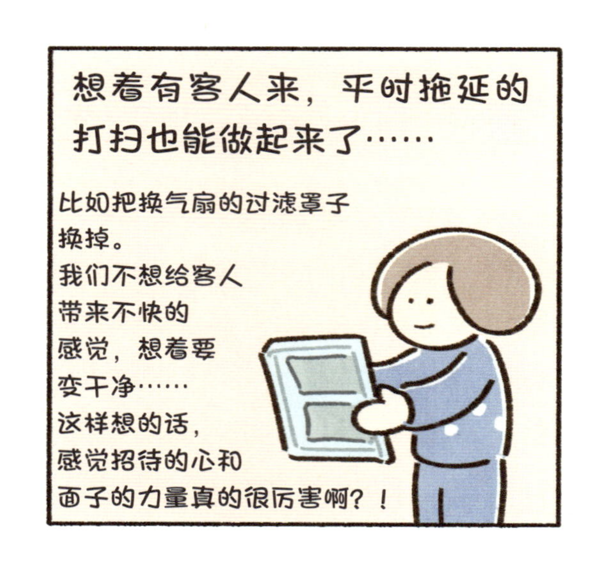

另外，也很推荐大家把垃圾处理日作为整理的契机，可以定期让房间变得整洁。比如我推荐不可燃垃圾处理的前一天。在日本，根据地域的不同，不可燃垃圾处理的日子基本上按照隔周的频率到访一次。因为是难得的时间点，本来还犹豫要不要舍弃的东西，我会立刻下判断，或许还会比平时要稍微大范围

我整理的契机

☑ 不可燃垃圾处理日前一天

通过“垃圾处理”的服务，前一天收到邮件提醒。

有没有不要的东西啊～
像鬼一样来回徘徊

在不可燃垃圾处理日前一天，检查有没有不要的东西。

☑ 5月·10月不是大扫除的日子，不过我定了“中扫除”。（因为气候好的时候更有干劲）

☑ 燃烧烟熏杀虫剂也是一次大规模整理的契机。大规模搬运东西，不需要的东西就会处理掉，非常好

通过定期的活动，
就能安排好
整理这件事，
养成习惯

地整顿一番，激起了整理的动力。而且我还顺便把可燃垃圾也一起整理了，整理的进度一下子就提前了很多。我使用了“垃圾收集”这项免费服务。在日本，只要在当地政府登记，就会在垃圾收集的前一天晚上或当天早上收到一封电子邮件。我看到邮件后，意识到“明天是不可燃垃圾处理日”，就会开始大扫除。还有，燃烧烟熏杀虫剂也是另一个契机。烟熏杀虫的时候，要把所有东西装在塑料袋里再挪开，我实在是懒得做这项工作。先问问自己，这是有必要花工夫搬的东西吗？如果可以回答出来的话，搬运工作和不需要物品的整理就都可以顺利进行。这个方法推荐给想一下子让家里整洁起来的人。

“舍弃那些放了很久也不用的东西，运气就会变好”，在博客和播客上接触一些像这样的内容，马上干劲就来了，想立刻站起来去打扫。把这些能提高动力的信息罗列出来，感觉也不错。

生活过程中，东西会自然而然地增加，但是“减少”这事，我们却总是拖延。只要把某些契机和整理关联起来，我们就能定期让屋子整洁，防止物品量的反弹。

壁橱进行衣橱化改造

现在的收纳形式以及理由①

我来介绍一下在壁橱里收纳衣服的方法。

· 按照使用频率，把东西分别放好。

· 太长的衣服需要用 2 个衣架来收纳。

我想大家应该会有在壁橱里收纳像外套这些长款衣服的困扰。只要用 2 个衣架就能够在不蹭到隔板的情况下收纳好衣服了。还有，把抽屉里的衣物卷起来立着放，这样做的目的是东西能够一眼就找到。冬天穿的大件衣物，可以委托给有保管服务的洗衣店，这样就能有效利用空间了。

冬天的衣服委托给有保管和配送服务的洗衣店。

上门取货很轻松。
搬到洗衣店里并不容易。

夏天的时候，不会挤占当季衣服的收纳空间，
整洁很多。

夏天的衣服可以在家里洗，但是冬天的衣服就比较难洗了。
反正要拿去洗衣店洗，不如就托管在那边，更方便。
因为冬天的衣服体积都比较大，托管出去后家里收纳空间
就变大了。

拿回来的时间在
9 月末—10 月初
是正正好的
我要是
比这时间
晚一点，
就会感冒

不再害怕壁橱，
衣橱化改造的诀窍

- 过季的衣服放在上面
- 当季的衣服挂起来
  =拿取更方便，极大地节省了叠衣服的工夫

根据使用频率进行放置

低

高（频繁穿的衣服放这里）

中

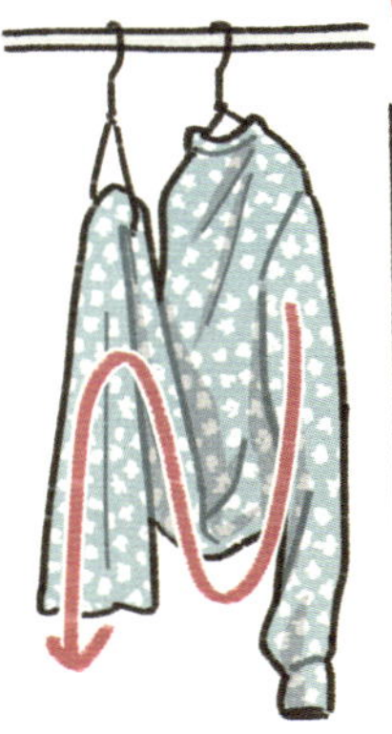

长款衣服用2个衣架呈**S形挂起来**，衣服下摆就不会蹭到隔板了！

把无印良品家的无纺布的盒子根据类别进行分类。把衣物**卷起来立着收纳**。
比叠起来更简单，时间短而且找起来效率更高。

保管过去出版的书，重的东西就放在下面。

因为使用频率低，放在上面收纳的话，存取不方便而且比较危险。

不要大型收纳家具

现在的收纳形式以及理由②

收纳要首先考虑打扫的难易度。以前家里放了好几个箱型的收纳家具，虫子出现的时候，它总能逃窜到家具内侧，没办法消灭掉。我自己的力量也挪不动这些家具，内侧积了好多灰尘、毛发，成了虫子的饵料。我现在尽量把东西都收纳进壁橱里，如果收纳东西放在室内，就选择易于打扫的形状。我会使用一些带脚轮的、有腿的，或者比较轻、自己就能挪动的家具。家里打扫起来很方便，感觉很安心。我感觉慢慢喜欢上自己的家了。

餐具只放在圆形储物柜里（客厅收纳）。

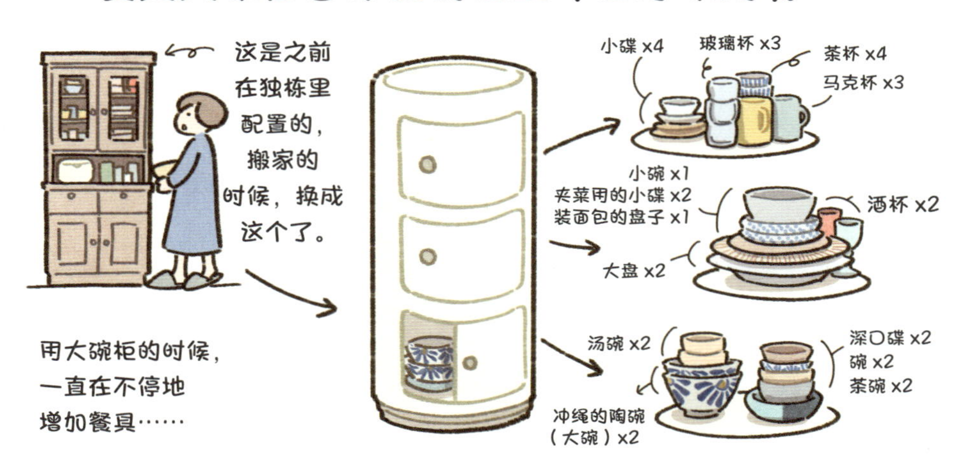

以地板打扫方便为最高原则

来选择收纳家具。

收纳要带脚轮的 or 有腿的 or 很轻自己就能挪动的

这几个都可以。
如果是那种太重，直接立在地板上的类型，会有打扫不到的地方，偶尔把它挪开，会有灰尘……
虫子会把灰尘和头发当作饵料
……
我认为方便打扫 = 安心
= 对这个空间的信赖度会提高。

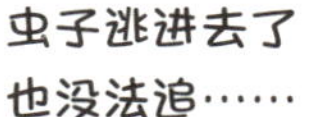

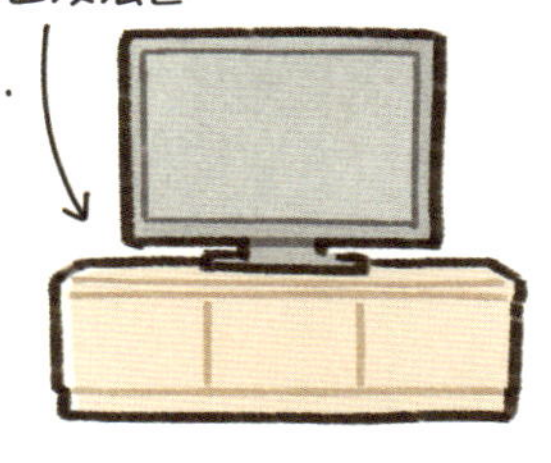

因为尽量把行李都收纳进壁橱里了

- 吸尘器吸 2~3 分钟就结束了
  容易保持干净。
- 在防止灾害方面来说，没有了容易翻倒的东西，卧室让人更有安全感。

还是要先确定“住处”

花时间找东西太不值了

在我人生中物品量最多的时候，我真的不知道该怎么收拾，已经束手无策了。当时两个人生活在 78m^2 的两层独栋里，照理说收纳空间应该很富余，但是我已经不知道该把房间里的这些东西放回哪里了。厨房的柜台和地上全是东西。因为放在外面的都是最近用过的东西，马上又需要使用。但是，要是收纳方法没有规律性，物品量太多，不知道哪里放了什么，一旦收纳起来，之后也很难找出需要的东西。在找物品的时候，我经常发出“我还有这东西呢”的疑惑，我的生活已经和找东西紧紧锁在了一起。要打扫的时候，需要暂时把放在外面的东西移开，打扫结束后要把东西放回到桌子或者地板上，我对这样的行为有一种徒劳的感觉。

每个人能够管理好的东西的容量有大有小。我自认为自己这个容量比较小，通过把东西减少到符合自己的体量，生活就一下子变得快乐了。而且，因为东

西减少了，东西的“住处”也就能决定好，我可以把东西放在指定的位置了。整理这件事也就自动进行下去了。

一直以来，我总是在考虑“要放哪里”“能记得住吗”“用这个规则吧”，而现在我可以完全不带一点迷茫地整理下来，真的感觉非常开心。一旦决定好东西的“住处”，就算自己外出，家人打电话过来问“那东西在哪里”，我也能回答“在壁橱左侧中间的抽屉里的第一层里”，像这样明确地指出它的位置，减少两人吵架的情况。对于不知道从哪里开始收拾的你来说，决定东西的“住处”虽然有些麻烦，但是非常重要。把东西减少到自己能够管理的量，然后决定其“住处”，最后好好守住它。只要遵守这个定好的规则，你就能非常享受每天的整理工作啦。

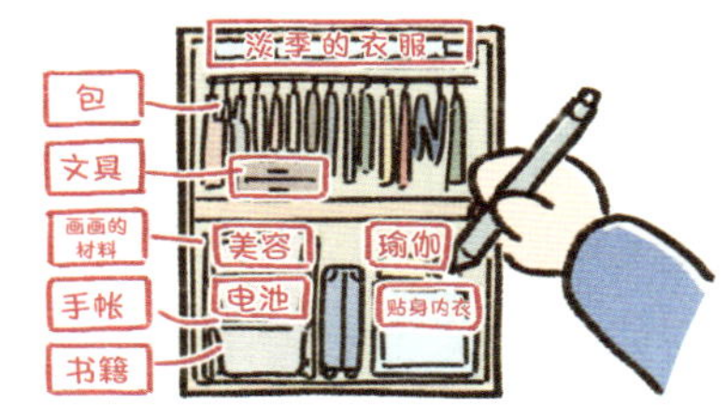

归还和寻找都不再迷茫。
减少到自己能记住的量，就能管理好。

谁都能够轻易放回的“住处”

好检索・好归还・动作次数

我曾经就职的公司引入了丰田生产方式，公司的工具和备件基本上都决定好了“住处”。我刚进入公司的时候，总是分不清一眼看上去大同小异的不同尺寸的工具。为了让刚进公司的新人也能够把这些工具放回原来位置，公司做了很多努力。把板竖着立起来，在上面钉上钉子，让工具能挂起来，然后照着每一个工具的轮廓，描一遍线，只要形状符合就能把工具放回去。我很快就能找到想要的东西，拿取放回也很简单。后来我才知道，这是丰田生产方式里有名的方法，叫作“姿态放置（形迹管理）”。这个方法始终贯彻一个原则，那就是就算负责这部分机械的人有什么变动，任何人即日起都不会为工具整理工作所困扰。虽然我家里很乱，但只要遵守了这个原则，我在公司的时候就能收拾得很整洁。于是我在想：“那如果把每天在公司所做的理所当然的事放到自己家里来，要是能做到，家里是不是也会变整洁。”我也想把自己家变成像公司那样，任何人都

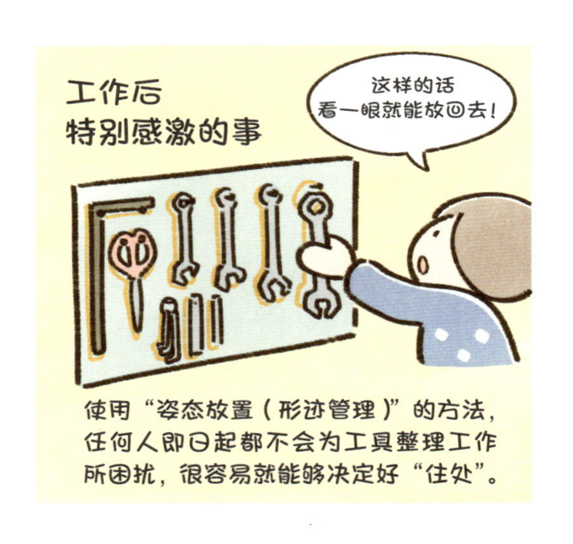
工作后
特别感激的事
这样的话
看一眼就能放回去！
使用“姿态放置（形迹管理）”的方法，
任何人即日起都不会为工具整理工作
所困扰，很容易就能够决定好“住处”。

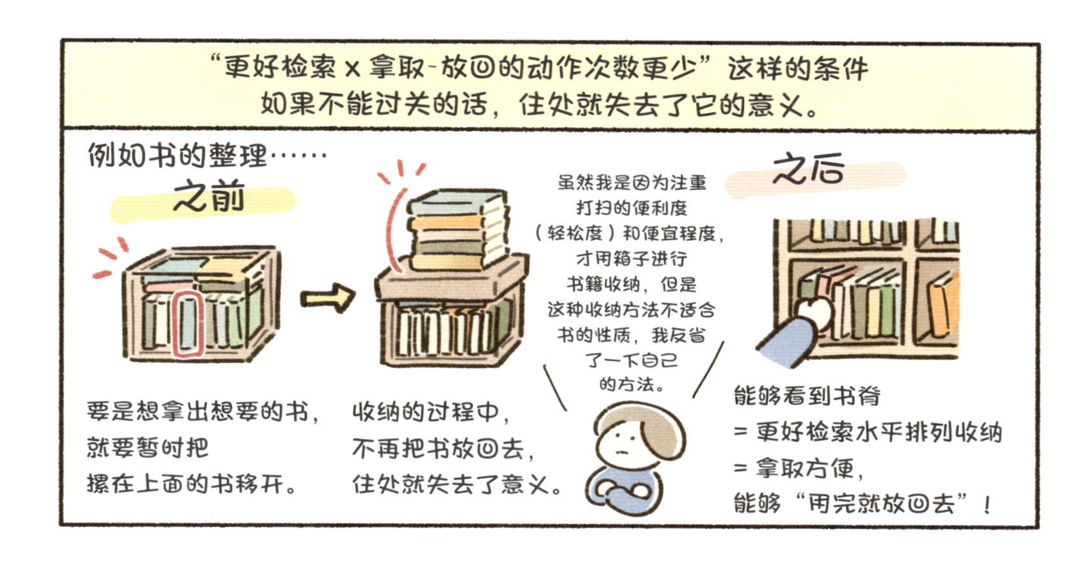

能方便整理。考虑好这一点之后，我就做起了家里收纳的改良工作。形迹管理是需要空间的，家里面其实并没有复杂到需要做形迹管理的东西，所以在引入方法方面，我的目的是达到“只要看到这个东西在这里，它就总是在这里 = 你不必去找它”的状态，然后决定东西的“住处”。

对于整理来说，决定好东西的“住处”是非常重要的。但是，只是决定好“住处”是不行的。如果像“更好检索、拿取-放回的动作次数更少”这样的条件都不能过关的话，好不容易定好的“住处”是谁都守不住的。喜欢整洁的人，就算有些麻烦，也会守好“住处”，做好整理，但是不管怎么乱都不在意的人就不会去整理。比如，如果把书在有盖的箱子里用垂直摞起来的方式来收纳的话，我们不全取出来就找不到自己想要的书。这种方法检索起来体验很差。不要把书垂直摞起来，而是用能看到书脊的水平排列方式来摆放。按物品分类检索效率高、拿取动作次数少的形式决定“住处”，家人也能很容易就把东西放回去，房间就自然而然地不容易乱了。“谁都能方便使用且恢复”是决定“住处”的关键。

不要太勉强

只有1个包包，限制太过了

以前，我的包就控制在 1 个。可是，这实在是有点勉强。我留下了一个白色棉质的大手提包，不管工作还是休息，都来回背那一个包，但是在穿着漂亮衣服出门或者想解放双手的时候，我就比较为难。背在肩上的大手提包没办法分散重量，感觉都懒得出门了。我发现要想好好享受难得的旅行，非常需要像帆布背包这样的其他类型的包。为了应对不同的时间、地点、场合，正式的小型挎包、出门用的有点容量的包、户外·旅行·工作多用途的帆布背包，这三种包要落实下来。我再次强调一下，我们并不是只追求减少物品，而是为了找到最适合生活的量才减少物品。如果不能意识到这一点，感觉我们就会本末倒置。

一些太热衷控制数量却失败的东西

2016—2021 年夏天，我一直戴这一条项链维持着日常的打扮，可是头发剪掉了↑二十多厘米后，我的打扮更加中性了，样子比较奢华的 By the yard 项链戴着感觉有点不太搭。我发现自己更需要一条比较中性的银色项链。于是，逐渐就变成了金色和银色项链各一条的状态。

第4章—制订持续流畅的规则

设定好“数的上限”

防止塑料伞无限增加

我们生活中总有些容易多出来的东西。比如，包包、鞋子这些自己喜欢的品类。要防止物品的增加，定好数目应该是最有效的了。例如，我比较喜欢彩色的手提包，路上看到了就会被吸引，然后买下来。同类的包明明有很多，比较正式的却一个都没有，偏向太明显了。于是，我决定手提包只保留一个，就算路上被吸引了，只要想到“自己已经有一个喜欢的了”，就会停止我的购买欲望。如果没办法控制在 1 件，那 2 件也没关系。提前定好数目非常重要。而且，通过“买了新东西，以前的东西就舍弃掉，保持一进一出”的这种形式，就能防止东西不断增加了。

但是，就算定好数目，也会有无法避免增加的物品出现。像伞、充电宝和防晒霜这类东西，我们很容易因为在需要的场合忘记带它，出现不得不就近购买的情况，从而导致这类物品的数量逐渐增加。有这类属性的东西，必须在习不改变习惯的话，就不能防止东西的增加。以“守住数目1”为目标吧。

惯方面彻底解决它。比如，如果你只在预报有雨的那天带着折叠伞，那么要是哪天忘记看天气预报，或者遇到预报不准的时候就没办法应付了。我搬到这个以电车为主要出行方式的城市已经3年了，我一次都没去便利店买过塑料伞。这是因为，我决定，不管天气好不好，都一定带着折叠伞出门。我是那种老是忘记看天气预报的人，所以这种常备雨伞的方式，对我来说更轻松。为了能够在包里常备雨伞，我并不在意包是什么样子。不过，如果包的携带容量和轻便程度不能过关的话，我就会出现“太重了，今天就不带了”这样的情绪。好在，经过一番比较之后，我终于找到了一种超轻型伞，使我能够把伞常备在包里，伞的数量也不再增加了。你看，稍微出一点费用，就能找到对自己来说最好的东西，替换掉旧的，而且还防止了东西的增殖。

虽然一个季节前后只有10件衣服穿，但是因为衣服太多的话容易互相伤了布料，所以我更重视宽敞和拿取的便利程度，在跟别人会面的频率上也正合适，这个衣服数量我很放心。

设定好“量的上限”

把化妆包想象成冰箱

刚才说到应该决定好数目，不过我们也会出现无法对应数目的情况。化妆品、指甲油、书、餐具等这些东西在家里都有一定数目，而且每一个形状都不一样，很难按照数目来管理。比如，就算决定家里只有 40 本书，可是厚度不一样、开本也不一样，每次数一遍也很麻烦。所以，我决定把书架划分成 2 个区域，原则是不要超过这个上限，这样的管理方法更加轻松。

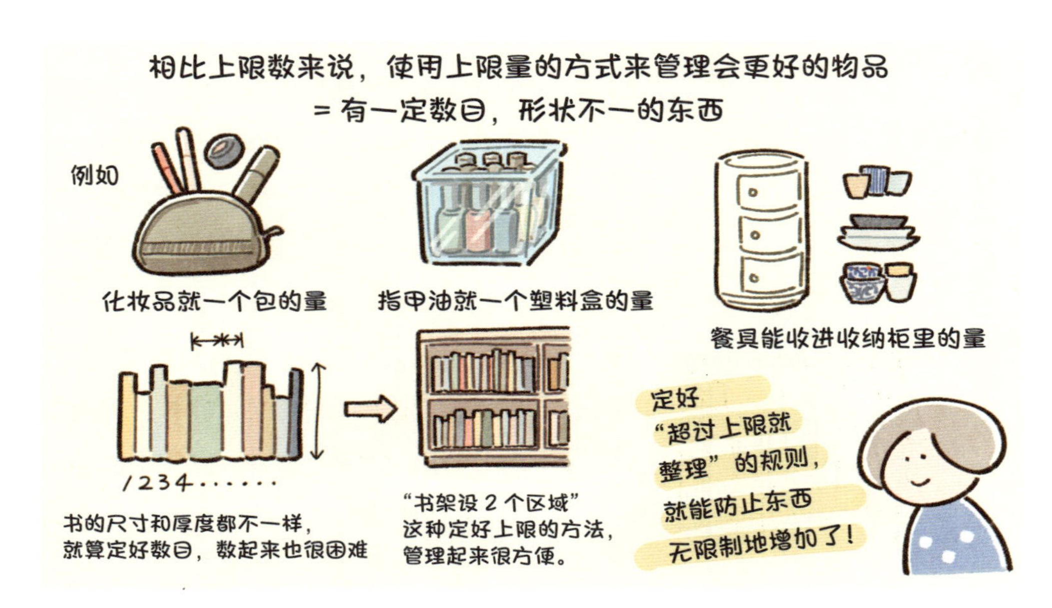

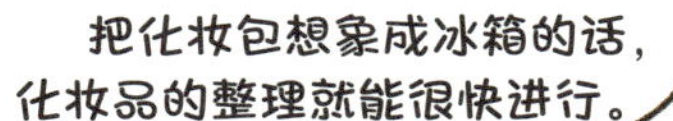

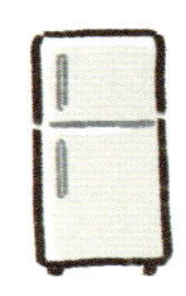
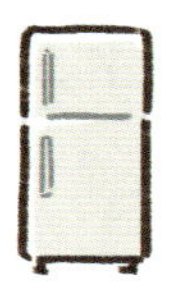

冰箱里的食物要是溢出来的话，我们不会想着说“好像还能买一个冰箱”。

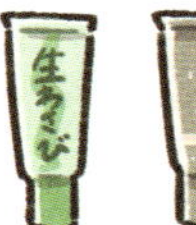

食物有保质期，同样地，化妆品也有使用期限。

就算决定好上限，量还是会增加的代表物品，应该就是化妆品了吧。我虽然决定暂时只用一个化妆包，但是往往等自己反应过来的时候，东西已经超过上限，要溢出来了。因为自己的肌肤总是不在最佳状态，所以只要有适合自己的化妆品就想尝试一下。再加上，它跟衣服一样，是我们情绪的反映，它的性质就是容易增加。就算如此，我还是想防止它无限制地增长。最近我意识到，我可以“试着把化妆包想象成冰箱”。冰箱里的食物要是溢出来的话，我们不会想着说“好像还能买一个冰箱”。我们一般就是把食物全都拿出来，扔掉已经过保质期的食物，腾出冰箱的空间。我们平时好像意识不到，不过跟食物同理，化妆品也是有使用期限的。一旦意识到这一点，看看你最近没用过的化妆品，是不是大部分有 1 年以上了呀？把这些都扔掉，包里也能变得宽松。而且，这里面还混杂了很多不再符合自己气质或者衣服的东西。所以，要像盯食物一样盯紧化妆品，一边注意使用期限，一边扔，就不会超过上限了。当然，对于自己喜欢的品类，上限量也可以稍微设得多一些。

如何保持动力

运气至上主义和打扫

要打扫了、要减少东西了！就算有这样的决心，不坚持肯定是不行的。每当你在养成习惯面前碰壁的时候，就会觉得“开始的动力”和“继续的动力”两者都是必要的。对我来说，整理和打扫的动力是运气。我是彻底的运气至上主义者。在东西太多，打扫不彻底的时候，眼前就出现那篇打扫完运气会变好的文章，一边想着不会被骗吧，一边继续每天早上打扫马桶。到了第 3 天，当时一个快变成麻烦的事件居然解决了，我就想，或许这方法真的有效果，所以之后就一直坚持做。

这句话我很喜欢，经常会想起来。
果然让空间变得舒服，好事就会降临。

运气到底有没有变好，如果不跟之前没打扫的时候做比较的话，是不知道的。不过，从我坚持打扫马桶以来，真的感觉到买票的运气有变好。我认为主要原因可能是，自己逐渐忘记了不好的事情，只记得好事吧。而且，一旦减少不需要的东西，腾出更多收纳空间，曾经想做的事就忽然来到面前，这种情况我真是深有体会。所以，就我自己的感受来说，打扫好像真的会让运气变好。

反正我们也想愉快地继续打扫，在打扫马桶的过程中，不如一边做，一边在心里默念“今天也打扫过了，下次买票肯定能中”。让打扫也成为令人愉快的工作。另外，因为我很喜欢这样一句话“打扫干净房间，天使就会来访”（圣·德绍），所以只要一想到“现在我家有没有腾出天使到访的空间呢”，我就鼓足了打扫的干劲。

认为打扫后运气会变好

人际关系
和工作

新的事情
会突然到来

实际体验过，舍弃不要的东西，
腾出空间，想做的事情就忽然来了。

怀着感谢的心情放手

别人送的东西该怎么办呢

增加的东西要么是自己买的，要么是别人送的。一般就是这两种情况。而别人送的东西，我们很难按照自己的想法去处理。比如，我只用我家固定的一款毛巾。为了清洗和收纳方便，我家用的是又薄又小巧的毛巾，除此之外别人送的毛巾我都是不用的。这类东西都是全新的，我会拿到回收商店去。你可能会觉得，这明明是别人送的东西，心里有种愧疚的感觉。但是我认为礼物的第一目的是传达感情，我们在接受礼物的那一刻，它的任务已经完成了90%。对于物品来说，与其在不使用它的人的家里待着，不如去使用它的人身边，会更幸福吧。我们怀着对这份赠送心意的感谢之情，对礼物放手吧。

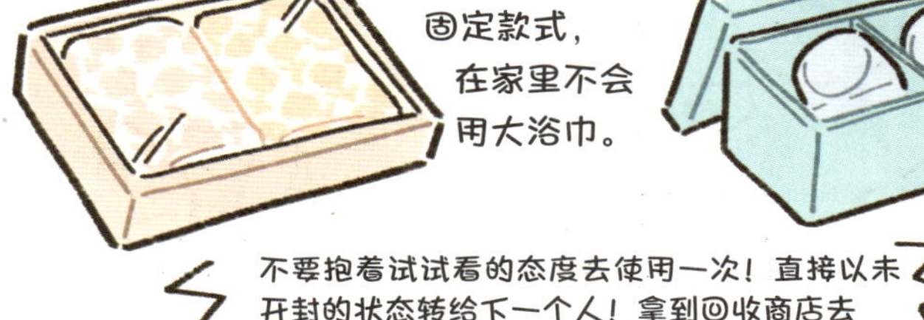

虽然已经决定好把不使用的日用品在使用前就舍弃掉，但是果然还是会有点难过。现在送别人礼物流行全部送消耗品或者目录礼物㊀，会不会不太好……？！

㊀ 目录礼物指的是在送礼之前，给对方一个礼物目录。对方可以在里面挑选符合自己喜好和生活方式的礼物。——译者注

即使喜欢也要定好规则

设立一时增加也没问题的规则

去年，我突然有了偶像。我嘴上说着“明明没有这样的计划”，猛然反应过来的时候，已经加入了粉丝俱乐部，越陷越深。虽然会突然陷入“应援活动好累啊”的状态，但是一想到，只有人类才拥有舞台鉴赏的能力，我感觉又能努力一把。偶像的力量真的了不起。因为考虑到我肯定会增加偶像相关的东西，所以对于规则的制订也在摸索当中。

比如，如果偶像的 CD 发售，我会瞄准特典影像和线上活动，屯好多同样

我还是第一次追三次元㊀偶像，制订规则很重要。

把杂志裁剪下来保管。我知道
这是电子版比不了的，
肉眼可见的高清晰度，
能够一下子看到整体。

37 种都随意……？！
我没办法把它们随意舍弃掉。
一想到自己买它们时的心理活动，
比起获得的喜悦，心酸更胜一筹，
所以做出以上判断。

虽然通过订阅服务
也能听到发布的作品，
但如果是很想要的
光盘特典，
我会毫不犹豫地买下。

名字的 CD。CD 卖得好的话，对偶像也是贡献，所以我也乐在其中。不过，考虑到用订阅服务可以听大部分音乐，而且也是跟偶像有关的，性质没有改变，所以我欣赏完特典内容后就只留下一盒，剩下的都决定舍弃掉。我们要设立一个规则，就算东西一时增加了也不会停留太久。我以前是看电子杂志的，不过现在对于跟偶像相关的内容，我更想看高清的纸质印刷品，所以也开始买纸质杂志了。数字版的画质再怎么高，即使用我家里 12.9 英寸的 iPad 看，只要一放大，就能看到瑕疵。这让我由衷感慨，果然肉眼是最厉害的。一开始，我对于买来的纸质杂志，没有裁剪和舍弃的勇气，但是因为家里杂志增长的速度实在太快了，我不得不制订对策。我决定摸索出一种更好检索并裁剪杂志的规则。除了“杂志封面、目录、偶像的消息、提及偶像的报道、编辑后记”之外，其他部分我都扔掉。

当自己对特定的某类事物着迷，这类东西开始增加的时候，会有被摆布的感觉。不过，只要对自己增加的这部分物品能够定好规则的话，之后只需要绕着规则转，就不会有烦恼了。我认为制订规则跟整理一样，是非常重要的。以上就是我陷入“泥潭”后的收纳心得了。

㊀ 三次元指的是相对于二次元的现实世界。——译者注

户外用品的可用性

功能强大，体积小巧

户外用品不光在出去玩的时候可以用，还可以在家里使用。户外用品不仅轻巧可折叠，而且功能很强大。因为这类用品比较小巧，搬家的时候也不占地方，折叠起来之后，在家里能有很多用处。

我家喜欢用 snow peak 家的户外用品。比如一步折叠桌，它的桌面用的是竹制的集成材料，跟家里自然系的木制家具相得益彰。就算在家使用也不会有“这是户外用品”的感觉，使用很方便。

另外我还会用像被褥一样的睡袋。两侧的拉链，可以把冷气屏蔽在外面，防寒性能非常出色。这种睡袋在家里就能清洗，对于我这个尘螨过敏的人来说，真的是遇到宝贝了。发挥好户外用品在家里的作用，我们生活的舒适度也会提高。

用一辆丰田的两用车，就能装下我们两人份的家具器物。然后搬家，那是因为户外用品灵巧的性能帮了我们大忙。

把 snow peak 家的一步折叠桌当作餐桌和书桌使用

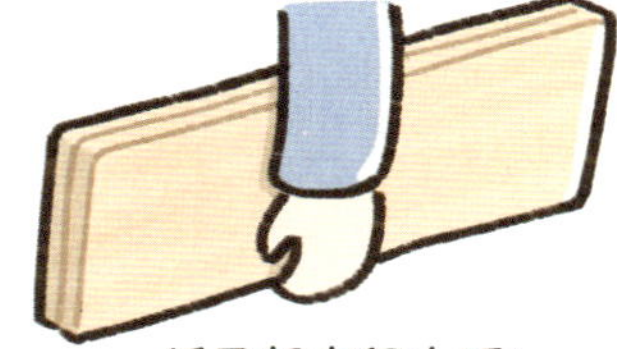

折叠起来很小巧！
搬家时帮了大忙。

桌面用的是竹制的集成材料，和橡树、枫树等自然系的木质家具很搭，在家使用也不会有违和感。

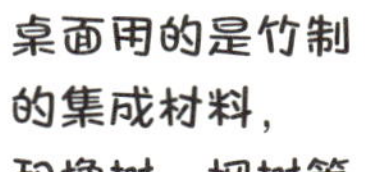

我还有同系列的矮桌。来客人的时候，人再多也能从容应对。

跟它的名字一样，一步就能折叠起来。在家也能有很多用途，很方便。

我家喜欢用的户外用品

把 snow peak 家的睡垫当作普通的寝具使用

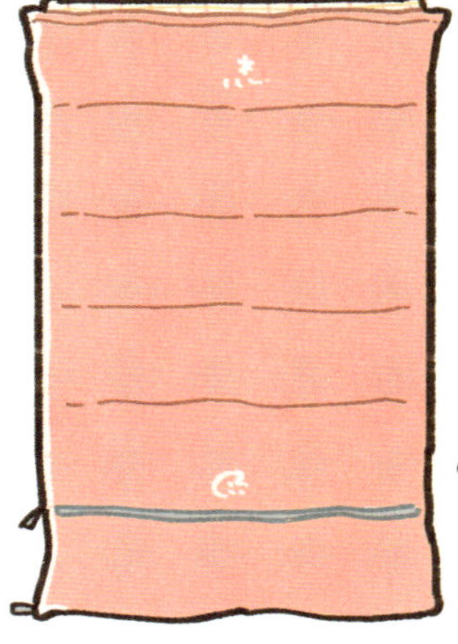

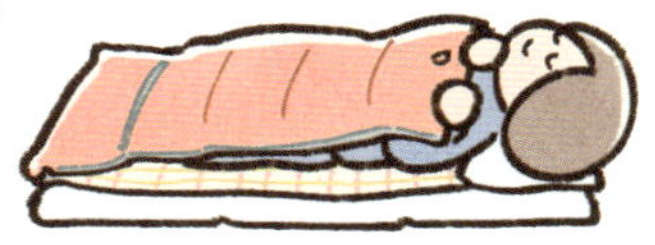

春秋的时候，打开拉链，温度适宜。夏天就只用被子那一侧睡觉。

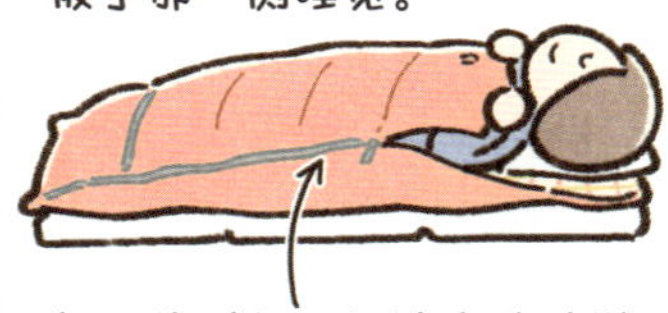

冬天的时候，把边上的拉链拉上，冷气就不会进来，很暖和。

Helinox

必备椅子。
总之很轻。
组装起来也很简单。
椅子颜色有很多纯色，在家也能用。
看上去有原材料的质感，
作为室内摆设使用，也很不错。

保持整洁的整理日常

LIST

□在早上精力充沛的时候整理

□起床之后就把床垫折好竖起来

□把窗户打开通通风

□把镜子和装饰品上面的灰擦掉

□用无线吸尘器把地面打扫一下

□每天早上一边想着被骗了，一边打扫马桶

□隔天交替清洗浴室和水槽的排水口

□周一打扫擦拭门廊的地面

未完待续……

我以前都是工作结束后的晚上做家务。因为感觉累，慢慢地就讨厌起了做家务这件事。后来我发现，如果在沐浴着早晨的阳光又精力充沛的时间段做家务的话，就算是同样的事情，心情也会变得不一样，意外地乐在其中。

第5章

与未来息息相关的“小”生活

预见“未来”生活

几年、几十年后的梦想是什么?

还想要守护偶像
一直到老，
想要看他
年龄增长之后，
只有那个年纪
才能
演出来的
角色和演技
可能偶像还会增加呢
愿偶像一切顺利……

因为
想要
尽可能
去现场，
所以
要保持
腰腿健康
不管是走路
还是喝大量的水，
一想到能
永远专注于
应援活动，
我就
干劲十足

为了达成目标，
眼、手、腰、心
的健康寿命都要延长，
目标越来越具体了。
看偶像的
眼睛
能拿笔的手
能够久坐
的肌肉
心情低落时
也能积极
应对的心

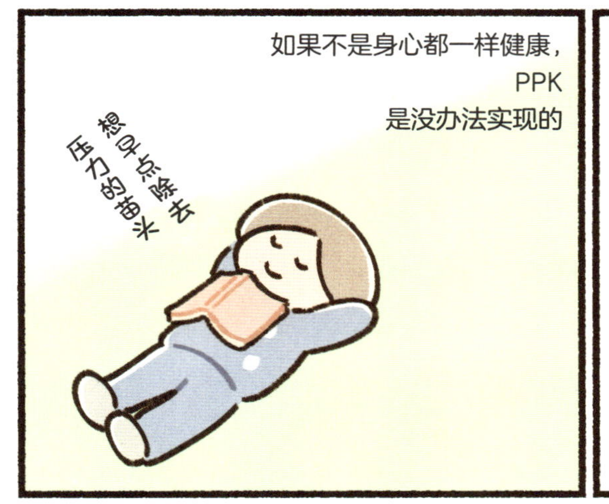
如果不是身心都一样健康，
PPK
是没办法实现的
想早点除去
压力的苗头

这么一想，
我觉得对于身心健康的保持
也是必不可少的

把烦恼和不安写下来

不可或缺的习惯——“晨间笔记”

你能把自己的想法只停留在脑海里吗？你是喜欢以文字的方式写下来的类型，还是喜欢一边说一边整理的类型呢？我以前就是一个不把想法写下来就不行的人，这一点我有很清醒的认识。外出的时候如果想到什么主题，就会在脑海里一直反复地想，甚至想“拜托了，我想要键盘，或者给我纸和笔也行啊”这样喊出来。不把文章写出来，我就静不下心来。

对于一边写一边思考的朋友，我想给你推荐“晨间笔记”。这是朱莉娅·卡梅伦在《做一直想做的事》这本书中提到的，发现自我创造力的方法之一。我按照书里说的内容，准备了一本笔记本，每天早上把脑海中浮现出来的想法写满三页纸。这些是没办法给任何人看的东西，因为我只是把脑海里的想法原封不动地写下来。我从 2016 年年初开始就基本没有间断过，一直在埋头做这件事。

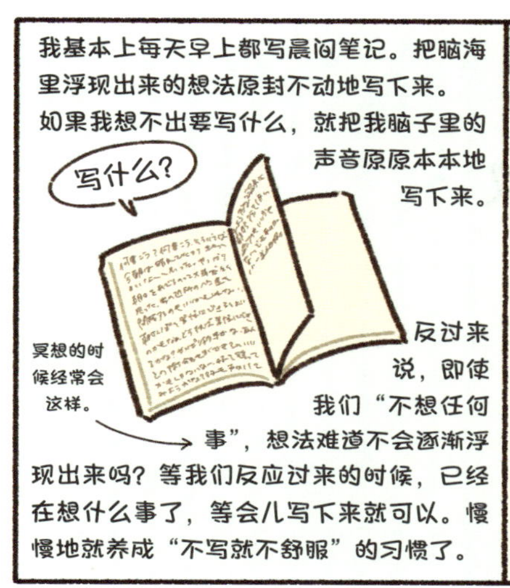

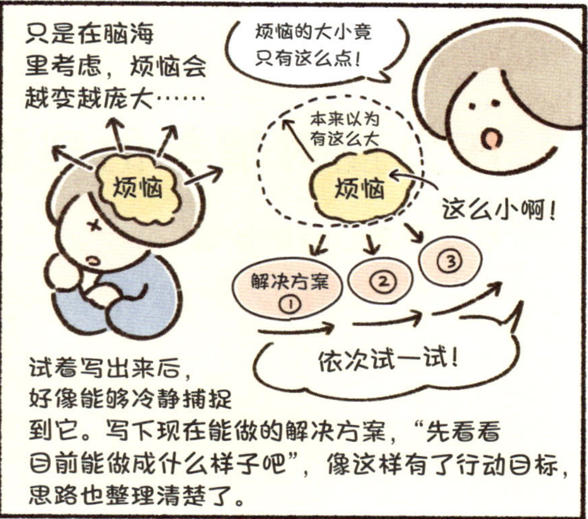

我感觉这么做的好处是能够净化心灵、消除不安。烦恼和不安变成语言之后，我就能更好地把握。对我来说，如果只是在脑中想，烦恼就会慢慢膨胀，变得庞大。实际上，大多数烦恼比自己想象的要渺小得多，我把它写出来之后，就能发觉它真正的大小。而且，一旦我写了太多次同样的事情，就会产生“又写了一模一样的事，是时候向前看了”这样的感觉，于是就想要想出一个解决方案来。现在自己能做的就是把想法写出来，然后在行动上也进行改变。几天之后，我感觉自己能自动写出解决方案了。

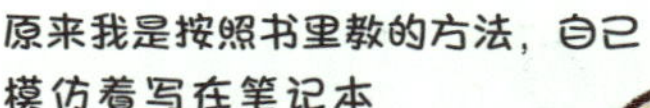

一开始我是用笔记本手写下来的，不过想到不让家人看到的方式应该会更安心，所以后来就改成在电脑的记事本里写，并设置好密码。我很高兴我不用再增加笔记本了。我以后应该也会一直坚持这个习惯的。

压力应对清单的建议

帮助平息心情的波动

你们知道压力应对清单吗？简单来说，就是一张预先写下的清单列表，上面内容是当你压力大的时候会做哪些事来放松消遣。对我来说，应该是“散步”“一个人去卡拉 OK”等。我们有了清单，在实际生活中感到有压力的时候，就可以从清单里选一件事去做。我读过一本叫作《致命压力——我们该怎么保护身心》（NHK 出版新书）的书，由 NHK 特别节目录制组所著，里面推荐了 100 件可以列出来的事。当我真正做起来之后，一想到让自己安心的方法有 100 个，光是看着清单就感觉到了一种解脱。不过，有时候我们的生活方式和喜欢的东西会发生变化，所以建议大家定期更新一下自己的清单。

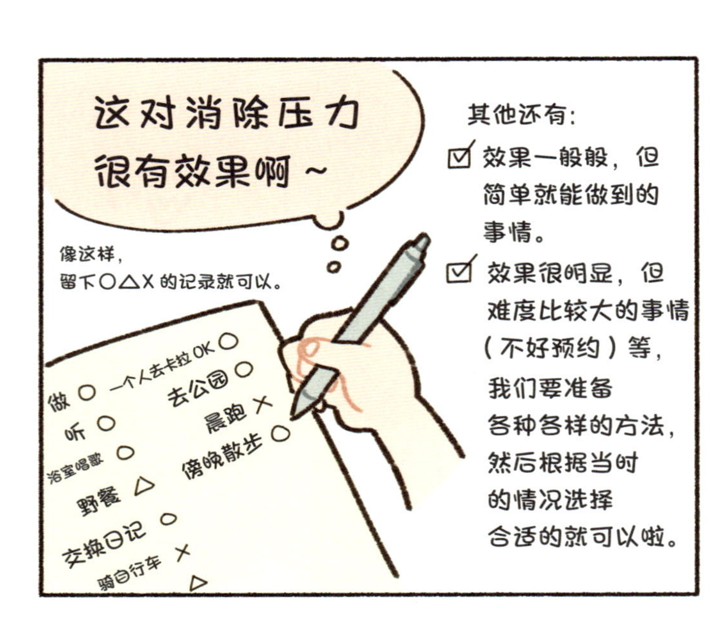

我的压力应对清单

经历了疫情之后，罗列出能做的事情都是“一个人做”“随时都可以”，感觉自己内心强大了～

公园野餐

去公园散步，在路过的便利店里买一支冰激凌，躲在树荫下吃。
但是如果那天没有快乐的心情，也是做不到的。

偶像速写

刚开始养成早起的习惯的时候，“我会早上花 30 分钟，先暂停播放偶像的光盘，然后画一画偶像的速写”，给自己定了这样的规定，为的是奖励一下早起的自己。让自己回归初心，那种想要用画画留住美好事物的快乐。

温泉

在我工作之余，温泉是我休息日最常去的地方。
最近还喜欢桑拿。
一边想着“妥妥乐㊀这种感觉真的适合我吗？！”一边做了 3 个冷热循环。

享受品茶的时间

喝茶这事我每天都在做。平时我会找自己喜欢的伯爵红茶试喝。去过中国台湾之后，又喜欢上了中国台湾的茶，现在也经常喝。（在红茶和绿茶之间感受品味）

我喜欢 WEDGWOOD 和三井农林家的伯爵红茶。

中国台湾买的茶差不多快喝完了，想再去买……

疫情之前，出于想把卡拉 OK 作为共同工作空间使用的目的，订购了卡拉 OK 的会员。
每月 1600 日元，卡拉 OK 可以随便去。
我会在免费时间段进去，先做 6 个小时的工作，然后剩下 30 分钟，一个人尽情唱歌，感觉是个不错的转换心情的方式……

一个人卖力地挥舞着手臂，我觉得是挺好的运动方式。趁此机会好好消耗一下卡路里。

㊀ 妥妥乐是日语“ととのう（totonou）”的音译，这里是身体机能恢复元气的意思，指的是风靡日本的冷热交替浴给人带来的舒适状态。（经过桑拿浴和冷水浴的交替刺激，人体会进入思维清晰、身觉敏锐的一种恍惚状态。）亚太温泉研究院首创性地将“ととのう”译为“妥妥乐”，并在国内首次提出这一概念，以便业内了解。——译者注

不要被社交软件牵着鼻子走

不被社交软件扰乱心情的相处方法

咖喱泽薰写了《一亿人，社交网络时代的战略》这本书。书里说到，好多人不知怎么地，好像在社交软件上为自己造了一个家。

我一直是这么过来的。自己一旦对什么很痴迷，就会建一个专门的账号，来寻找有共同爱好的朋友。特别是在工作之后近 8 年的时间里，我一直住在乡下，几乎不可能在现实生活中遇到有相同兴趣的人，因此社交软件是我保持生活乐趣的生命线。可是，如果接触社交软件的时间太长，就会逐渐忽视现实生活。我曾经有一段时间也成了沉迷刷社交软件的“废人”，不过，后来我意识到必须从社交软件里脱离出来，于是一点一点培养自己的自制力。为了不让自己被社交软件牵着鼻子走，下面我会给大家介绍战胜自己的方法。

首先，我感觉社交软件的通知栏里一定住着一只魔物。我平时投稿了什么内容，会非常在意大家的反应。一看到通知图标的数字，就忍不住要去确认一下。把来自他人的反馈当作奖励，在打开社交软件的时候，想着会不会来通知呢，这种不确定性激起了我的侥幸心理。我发现自己好像有了通知依赖症的症状，于是立刻就关掉了除邮件之外的所有通知。接着，从去年开始，我变得非常注意控制社交软件的使用时间。如果大家用的是 iPhone，建议大家留意一下屏幕使用时间，从中可以知道自己一天里什么时间在看社交软件。然后，我给自己最常使用的 Twitter 软件设置了时间限制。一旦定好一天使用 2 小时，如果超过这个时间，手机就会提醒“超过了‘Twitter’的时间限制”，就不能再看社交软件了。即使你延长这个时间，只要知道自己花了多少时间，就比之前前进了一大步，因为你已经能认识到自己对它的依赖程度有多少了。

还有就是，我最近在使用 Twitter 的时候，不再把重点放在粉丝身上，而是把心思花在了管理关注列表上，通过关注收集自己想要的信息。我会一边删掉自己认为不太合适的类别，一边对感兴趣和关心的领域进行分类，形成自己的关注列表。接着，将关注在主页置顶，我就可以根据分类查看想看的信息了。

养成习惯需要下功夫

养成新习惯的办法

我认为，在任何事情上，养成习惯最重要的是“缓缓的压力”。比如，我想要从脏屋子的状态里逃脱出来，那就每天舍弃一样东西并上传到社交软件。因为在意那些关注我动态的人的目光，所以能够继续下去。以前没有的习惯，如果不稍微给自己一点压力的话，是很难固定下来的。如果我们继续不下去，而生出了要被惩罚一般的沉重压力的话，自身就变得不想再去挑战了。所以，我觉得，被缓缓监督的感觉才是最重要的。

最近，为了养成运动的习惯，我正在使用“全民挑战”这个 APP。我之前就很想养成运动的习惯，不管是肌肉训练还是散步都行，可是自己怎么都坚持不下去。正在烦恼的时候，我的粉丝告诉了我这个 APP。它能为你找到一个目标一致的队伍。这个队伍由五个匿名的人组成。你要把自己做的运动和照片一起上传。步数的截图等内容会发给你的伙伴，他们会通过表情包等方式给你反馈。就像是互助会一样，创造一个松散的互相监督的体制。

我在入会之后，不知不觉偷懒了 8 天，结果就自动退出了队伍（不同的队伍有不同的退出条件）。我感觉受到了打击：这么简单的事我都坚持不了吗？不过这也是一个很好的转变时机，我决定下次如果再出现偷懒的情况，趁着还没自动退出就尽快回归。因为做什么事都很忙，自己也需要休息，所以能创建一个回归的节点，我认为就很厉害了。伙伴的存在和自动退出这样的规则机制，给了我缓缓的压力，现在我还坚持着运动的习惯。

我的防灾措施

创造一个保命的房间

在地震大国日本居住，防灾是必修科目。可是，实际上每个人都不知道到底该怎么准备才好，都在摸索中前行。当我和朋友们聚在一起的时候，经常会以“你做防灾计划了吗”作为话题进行讨论。

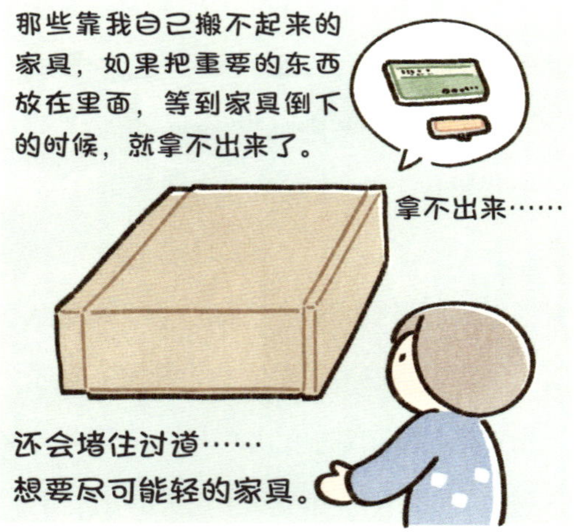

那些靠我自己搬不起来的家具，如果把重要的东西放在里面，等到家具倒下的时候，就拿不出来了。
拿不出来……
还会堵住过道……
想要尽可能轻的家具。

我并不是防灾方面的专家，只是想着“能保命的东西就留着，威胁性命的就不留”这一条原则，自己留意房间，对其进行改造。根据东京都防灾 APP 的信息显示，据说地震中的受伤者有 30%~50% 是因为家具翻倒、掉落或移动造成的。为了不让自己被压在下面，要布置好家具，并对家具翻倒、掉落或移动等情况采取防范对策。听到地震预警后，立即到没有东西的地方避难，这样可以降低受伤的风险。由此，我有了创造一个尽可能没有落物的房间的想法。

比如，把贵重物品收纳在架子上的话，如果架子本身倒下时，你必须自己抬起架子才能取出其中的物品。考虑到这一点，我不再把贵重物品放进这些地

方了，现在是收纳在塑料盒子里。为了在地震时不让过道被堵住，我只在房间表面放最低限度的东西。就算放，我也会注意只放那些靠自己的力量就能恢复原样的东西。

然后，我们要特别注意卧室的安全性。因为我们一天有 1/3 的时间会睡在这里，所以不要在卧室里放一些容易倒塌的危险品。我们的东西尽量都放在壁橱里面。自己要留心，创造一个什么都没有的安全房间。接下来，我们要有一个防灾包，做好日常食品的储备。防灾包里面我准备了简易马桶、浴巾、干面包、军用手套、内衣、生理用品等。不过，我也不知道装这些究竟对不对。防灾包的物品是从经历过地震的人那里学来的，今后也会不断更新。

关于食品储备，我在疫情之后采用的是流动食品库存。用多少买多少，所以不会因为忘记到期时间而浪费食材。而且因为是平时就吃的东西，也知道该怎么烹饪，在任何情况下，都能够让自己处于一个跟平时很接近的饮食状态，会感觉很安心。

好好把握快乐时光

让自己进入“加油”模式的方法

你一天当中有什么开心的时刻吗？对我来说这几年里最快乐的时间应该是洗澡了。就算是夏天，我一般也会在浴缸里放好热水，享受漫长的泡澡时光。有时候时间太长，等反应过来时，我已经在那里待了两小时左右了。在那之后，我就自己留意，设好闹钟，待一小时左右就出来。

我是容易怕冷的体质，一旦坐着，脚会特别冷。等我反应过来的时候，已

经在椅子上跪坐着了，身体大部分都僵了。但是洗个澡的话，因为整个人被包裹在自己期望的温度当中，我终于能够伸展腿脚了，真的是很舒服。如果可以，我想把在客厅干的事情都挪到浴室完成。不过，这样脚趾头会泡皱，我还是控制一点吧。另外，因为我用的是防水的手机，我可以一边放音乐、玩游戏、看书，一边度过洗澡时光。一想到这样美好的时光在等着我，我就觉得我能加油干活了。好好把握快乐时光，工作积极性也会提高，而且是大幅度地提高。

另一个让我感到非常幸福的时刻，就是跟几位同好一边通着电话，一边同时播放偶像的光盘，畅谈各自的感想。通过大家一起讨论偶像的作品，我会发现自己一个人看时没注意到的小细节，快乐能放大好几倍。因为是使用只能语音聊天的 APP，所以不用露脸，真的让人轻松很多，我非常喜欢。

最近我还尝试了“鱼饵作战法”㊀，就是通过一大早做自己最喜欢的事情，来让自己享受早起。我会从早上 7 点半开始，花大约 30 分钟时间，画一画偶像的速写或者悠闲地喝一杯红茶。其实我以前是个夜猫子，虽然想早起，但总是养不成习惯。不过，现在只要一想到早起可以做喜欢的事，早早进被窝也不再是一件很痛苦的事了。

㊀ 鱼饵作战法指的是，像钓鱼一样，给一点能吸引自己的“鱼饵”，让自己心甘情愿地“上钩”。——译者注

杜绝浪费，好好投资

会花时间，就能安心

一般认为，金钱的使用方法分为消费、浪费、投资三种。消费指的是生活中伙食等的必要支出。浪费指的是没有也不会产生困扰的支出。投资指的是跟未来相关的支出。基金和用于获取资格的教材费用等是在投资这项里。

我以前浪费部分的比例特别大。比如，每次发奖金前，我都会下意识地想“下次买什么呢”。因为我总想着东西要尽可能多，一有钱就会有意识地买一些超出平时价格范围的东西，甚至买一些不是很必要的东西。可是，从减少物品的角度来看，我发现东西越多，做维护和清洁就越麻烦，而且生活费用也会增加。于是，因为尝到了舍弃物品的苦，就算有钱进账，我也不会想买什么新东西，这样就减少了浪费。相反，我准备“用奖金做点什么投资”，于是开始了基金和个人年金的投资。

另外，我觉得有些东西即使被归类为浪费，但如果它有助于心理健康，也没有必要削减太多。比如，我要是计划好去看偶像的下一场舞台表演的话，就感觉每天都能努力工作，这是一种心理支撑。把钱花在对未来的自己有好处的事情上就好了，这是我支出的参考标准。我们真正要削减的是那些一味地让你掏钱，却很少收到回报的支出。讲一个我的亲身经历。我给一个在线英语会话课程付了几个月的学费，结果一次都没学。本来想作为一项自我投资，但是不好好利用的话就是浪费。或者，如果真想要挤出一点听课时间，那就重新审视一下分配给其他事情的时间。总之我们要定期检查一下自己使用金钱的实际情况。

当我们开始投资，对金钱的不安感也会减少很多。拿我举例，从 2016 年起的几年时间里，我通过三种投资方式，每月共计投资 15 000 日元，确确实实获得了收益。从结果来看，总体增长达到了 26%。现在，我通过重新审视生活费用，慢慢地增加投资额度。我想通过存款和投资相结合的方式，减少自己的不安，建立安全感。

列出“100件想做的事的清单”

不知何时这些都实现了

在最近这六年左右的时间里，每年年初有一件事我从未间断过。那就是列出“100件想做的事的清单”。如果问我为什么要一直持续做这件事，答案是我也不知道为什么，反正只要一写下来就比较容易实现。

写100件事或许有点困难，但如果把它分成10大类，每一类依次写出10件事的话，会比想象中更容易些。比如，在“整理”这个大类下，可以写“1. 整理壁橱”“2. 卖掉不穿的冬季衣服”“3. 把决定舍弃的书籍回收掉”这样的内容。然后，每半年或者一年回顾一下，把已经实现的事用线划掉。在这里写的清单，我们平时没有必要去记。虽然我们可能全部都忘记了，但是在回顾的时候会发现“话说我都忘了写过这件事，没想到竟然实现了”这样的情况有很多。我想，这可能是因为通过写下来，我们会针对这件事竖起收集信息的天线吧。我把这个方法推荐给了一个朋友。在我的建议下，她试着写了清单，几个月后真的实现了好几件事。她特别感谢我的推荐。

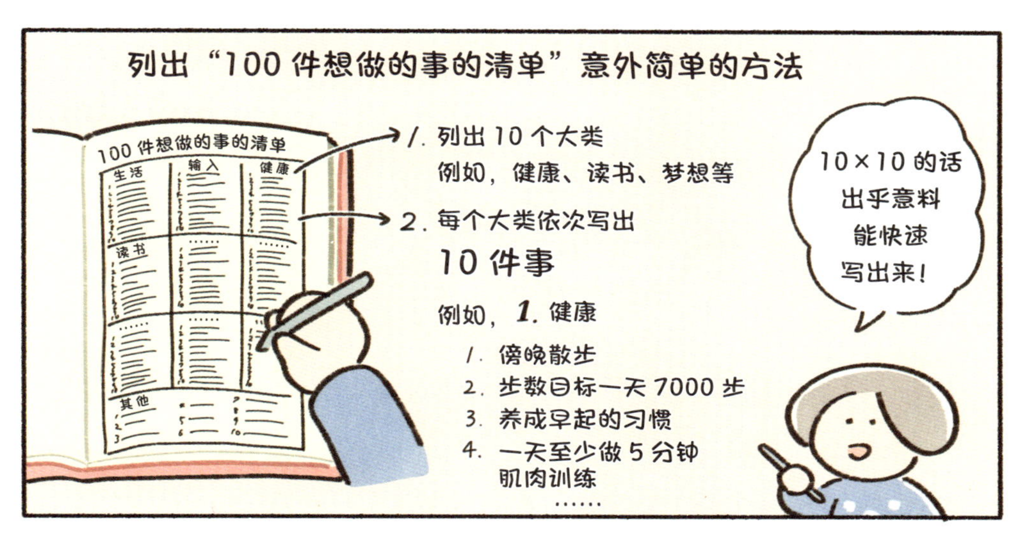

因为我们就算无意识也会起作用，所以如果有意识的次数增加了，那应该会更容易实现自己的目标。对于有特别想实现的目标的人来说，你可以通过反复回顾来管理梦想的进展。

另外，建议把你一定想实现的目标纳入你的习惯里。比如，我多年来有晚睡的习惯，想早起却坚持不下去。于是我每年在手账里都写了“早起”这件事。今年年初，我使用了 Clubhouse㊀这个 APP，建了一个名叫“让早起成为习惯的房间”，从早上 7 点半开始跟别人进行语音对话。在此之前，我经常睡醒了却不想离开被窝，玩手机玩好几个小时。但是后来，在下决心的时候，一想到有人在等着我，我就能从被窝里爬出来了。现在虽然我不再每天语音对话，但是多亏了它，我已经连续早起 10 个月了。

㊀ Clubhouse 是 2020 年 3 月上线的邀请制语音社交软件。你可以通过创建特定主题的房间进行语音对话，一人只能对应两个人。——译者注

后记

今后也继续轻松

当你有了想稍微整理一下的想法时，

当你觉得必须要根据季节变化更换衣服时，

拿起这本书，打开读一读吧。

我写这本书是希望它能成为我们生活中的一个动力开关。

哪怕是一点点也好，如果能给读这本书的你提供帮助，

让你的生活更加愉快的话，我会非常高兴！

从我知道极简主义这个词已经过了 7 年。

“小”生活的好处是如此之大，它已经成了我生活的固定模式。

写作这本书的时候正好是疫情期间，

我身边的环境发生了巨大的变化，

所以我想，今后，就算因为人生阶段发生变化，

比如我们的住所和家庭结构发生了改变，

我们也能利用好通过“小”生活创造出的空间和自由时间，

一边热爱着我们喜欢的事物，一边轻松地生活下去。

最后，我想感谢大和书房的油利老师对我创作本书的指导，

感谢后藤老师的装帧设计，

感谢所有参与其中的每一个人，

当然还有获得这本书的你。

由衷地感谢大家。

2021 年 12 月

富美